数字赋能乡村振兴丛书

数字支撑乡村法治建设

廖永安 等◎著

湘潭大学出版社
XIANGTAN UNIVERSITY PRESS

国家重点研发专项“智慧司法科学理论与司法改革科技支撑技术研究”（2020YFC0832400）阶段性成果

总　序

纵观世界文明史，人类先后经历了农业革命、工业革命、信息革命。每一次产业技术革命，都给人类生产和生活带来了巨大而深刻的影响。习近平总书记向 2021 年世界互联网大会乌镇峰会致贺信指出，“数字技术正以新理念、新业态、新模式全面融入人类经济、政治、文化、社会、生态文明建设各领域和全过程，给人类生产生活带来广泛而深刻的影响”。数字时代，以 5G、人工智能、大数据、云计算等为代表的新一代数字技术日新月异，创造人类生活新空间，引领社会生产新变革，催生公众消费新业态，拓展国家治理新领域，极大提升了人类认识世界、改造世界的能力，正创造一个万物互联、万物上云、万物兼数的数字世界。为此，数字政府、数字城市、数字乡村建设成为各个国家推进的战略高点，正不断推进，整个社会加速数字化转型。在此背景下，科学回答好数字革命的“时代之问”、数字经济的“发展之问”、数字治理的“变革之问”，是依托数字推动国家经济社会高质量发展的基础和前提。因此，数字乡村既是乡村振兴的发展方向，也是建设网络强国、数字中国、智慧社会的重要内容。

党的十八大以来，以习近平同志为核心的党中央高度重视信息化工作，将网络强国、数字中国、智慧社会建设上升为国家战略，推动互联网、大数据、人工智能和实体经济深度融合，加快推动农业数字化、网络化、智能化。着眼于乡村振兴战略有序推进，国家出台了一系列政策文件，不断完善数字乡村建设政策支持体系。2018 年，中央一号文件《中共中央、国务院关于实施乡村振兴战略的意见》明确提出“实施数字乡村战略”。《乡村振兴战略规划（2018—2022 年）》提出，要夯实数字乡村信息化基础，加快物联网、地理信息、智能设备等现代信息技术与农村生产生活的全面深度融合。2019 年，《数字乡村发展战略纲要》进一步强调现代数字技术在乡村振兴中的拓展应用，明确分四个阶段实施数字乡村战略。2020 年，《数字农业农村发展规划（2019—2025 年）》提出新时期推进数字农业农村建设的总体思路、发展目标和重点任务。2022 年，中央网信办等十部门印发《数字乡村发展行动计划（2022—2025 年）》，为“十四五”时期的数字乡村建设做出了总体规划。

乡村振兴为新时代乡村建设擘画了美好蓝图，数字技术的快速发展则为乡村振兴提供了全新模式和发展机遇，数字赋能开启了乡村繁荣发展的新篇章。各地各部门积极贯彻党中央、国务院关于乡村数字化建设与发展的决策部署，抢抓农村农业数字化转型机遇，积极发挥数字赋能乡村经济发展、社会治理、民生服务、文化传承等方面的重要作用，促进农业产业链全面升级、农村社会全面进步和农民素质全面发展。数字乡村建设提速助力乡村振兴发展的不断深化，乡村数字基础设施建设全面强化，数字乡村建设的信息“大动脉”初步建成，农业农村大数据成为现代农业发展和乡村振兴的重要资源要素。信息技术在农业生产领域广泛应用，有力地助推农业转型升级。农村电子商务和新型农业的发展，催生了大批乡村新业态。在构建现代乡村治理体系过程中，数字技术发挥着重要作用，信息服务正全面渗透到乡村居民生活的各个方面。

当前，乡村振兴战略正深入推进，数字乡村建设也在如火如荼地全面布局。在乡村生产生活生态日益数字化的背景下，数字赋能乡村振兴秉承何种现实逻辑？具体表现为哪些业态与模式？未来应如何重点推进？这些问题都是摆在理论研究者面前的重要工作，不仅关涉到数字乡村建设系列规划能否切实落地，而且将会影响到乡村振兴战略实施的整体成效。有鉴于此，湘潭大学专门组织编写了“数字赋能乡村振兴丛书”，以国家政策规划为遵循，系统性地揭示数字驱动乡村振兴的内在逻辑，全方位地呈现数字赋能乡村振兴的整体图景，深层次地阐发数字乡村建设的破局关键，多视维地探索新时代乡村繁荣发展的数字进路。从而，希冀为各级乡村管理干部提供一套政策研读、模式借鉴、方法学习和路径创新的参考素材，使之能够以更加饱满的工作热情、更显前瞻的政策视野、更为充实的知识储备和更富成效的方案举措，积极投身数字乡村建设主战场，将数字乡村作为实现乡村振兴的重要抓手，着力提升乡村数字化、网络化、智能化水平，持续促进农业农村现代化转型。

从书立足新时代国家乡村建设发展新的历史方位，坚持中国特色社会主义乡村振兴道路，面向数字引领乡村高质量发展这一重大需求，紧紧围绕推进数字技术与农业农村深度融合展开谋篇布局。丛书按照构建乡村数字治理新体系、数字赋能乡村产业振兴和智慧农业发展、数字驱动乡村公共服务效能提升、数字赋能乡村文化繁荣发展、数字支撑法治乡村建设、数字重塑乡村社会关系和结构、推进数字乡村信息基础设施建设等主题进行编排，不仅涵盖了乡村振兴目标体系中产业振兴、人才振兴、文化振兴、生态振兴和组织振兴五个方面，同时勾勒出数字时代全面推进乡村振兴的现实指向，整体上顺应“产业兴旺、生态宜居、乡村文明、治理有效、生活富裕”的乡村振兴总要求。

丛书依托湘潭大学习近平新时代中国特色社会主义思想研究中心、湘潭大学乡村振兴与共同富裕研究中心进行策划、组织和编写，汇聚了湘潭大学管理学、经济学、法学和社会学等多学科领域的专家学者，是瞄准重大需求、紧盯学术前沿的一大标志性成果，是推进有组织科研的积极尝试。丛书历时半年完成初稿，期间多次召集团队成员围绕主题、框架、内容、体例、风格等展开研讨和磋商，并经编委会反复论证、修改和完善，最后由湘潭大学出版社审定出版。丛书编写始终坚持政治性与学理性相统一、理论性与现实性兼备、思想性与可读性兼顾，既提供全面系统的规划梳理和深入浅出的政策解读，又以透彻细致的学理分析诠释观点、提炼要旨和反思症结，并且注重语言上的亲和力和思想上的启发性，力求观点权威准确、内容通俗易懂、文风清新简洁。同时，本丛书援引数字乡村建设过程中的先进做法，介绍数字赋能乡村振兴的典型模式，结合场景实例说明农村农业数字化转型的趋势、特点和条件，旨在通过鲜活的现实案例为读者提供更具针对性的指导。在书稿体例上，每本书的文字叙述中都穿插了大量的案例配图，章节结构中设置了知识链接、典型案例和延伸阅读等内容板块，使整套丛书的行文形式更加丰富多样和活泼有趣。应该说，本丛书对于广大干部群众全面地了解农村农业数字化转型的政策形势，系统地学习数字时代乡村振兴的理论知识和实践经验，深刻地把握新一轮科技革命下乡村治理变革的发展方向等，都具有较好的参考价值。

在丛书付梓之际，党的二十大即将隆重召开，这是党和国家政治生活中的一件大事。我们党从成立之日起就把农民生活疾苦放在心上，始终高度重视“三农”问题，历代中央领导集体都对解决“三农”问题进行了不懈探索，形成了既一脉相承又与时俱进、既符合中国国情又体现农业农村发展规律的“三农”战略体系。党的十八大以来，习近平总书记对“三农”工作发表了一系列重要讲话，就数字乡村建设提出了一系列富有创见的新思想、新观点和新要求，为中国特色社会主义乡村振兴道路指明了前进方向。作为理论研究和高等教育工作者，我深深地为党团结带领亿万人民群众打赢人类历史上规模最大、力度最强、惠及人口最多的脱贫攻坚战，书写消除绝对贫困艰巨任务的伟大奇迹，创造减贫治理的中国样本，而感到无比振奋和自豪。我期待，丛书的出版能够为数字时代乡村振兴的理论研究和现实进路添砖加瓦，同时吸引更多的同仁投身这项事业，为开创数字乡村建设新局面，建设农业强、农村美、农民富的美丽数字乡村，最终实现全体人民共同富裕和中华民族伟大复兴的宏伟目标而积极求索。同时，由于时间仓促，关于数字赋能乡村振兴的政策解读和理论阐释仍有待深化，相关经验总结和模式提炼还有待进一步完善。希望湘潭大学继续聚焦深耕，力争推出更多更富现实指导意义的精品成果，为实现乡村振兴这一伟大使命提供理论助力。

《求是》杂志社原社长 李 捷
中 国 史 学 会 会 长

2022 年 9 月

前 言

数字技术的广泛应用正深刻融入社会关系，日益成为实现国家治理能力、治理体系现代化、实施乡村振兴战略的新动能。2017年10月，党的十九大报告论述要建设网络强国、数字中国、智慧社会，并作出了实施乡村振兴战略的重大决策部署。此后，《乡村振兴战略规划（2018—2022年）》《国家信息化发展战略纲要》从信息化发展角度对乡村振兴与乡村发展作出了谋划。2019年5月，中共中央办公厅、国务院办公厅印发的《数字乡村发展战略纲要》指出，数字乡村既是乡村振兴战略方向，也是建设数字中国的重要内容。

2018年1月，中共中央、国务院印发的《关于实施乡村振兴战略的意见》明确提出建设法治乡村重大任务。2020年2月，习近平总书记主持召开中央全面依法治国委员会第三次会议指出，加强法治乡村建设是实施乡村振兴战略、推进全面依法治国的基础性工作。要教育引导农村广大干部群众办事依法、遇事找法、解决问题用法、化解矛盾靠法，积极推进法治乡村建设。2020年3月，中央全面依法治国委员会印发《关于加强法治乡村建设的意见》强调，坚持党的领导，以人民为中心，将法治与自治、德治相结合，从实际出发推进法治乡村建设，这成为数字支撑法治乡村建设的纲领性文件。数字支撑法治乡村建设属于乡村振兴战略的重要组成部分，能够为乡村振兴提供科技支撑与规范进路。

数字支撑法治乡村建设具有重要现实意义，将为乡村振兴提供有效引擎和持续动力，在两个一百年的交汇期更具有较强时代意蕴。让乡村融入数字时代大潮，因地制宜运用数字技术助推乡村数字化转型，弥合城乡发展差距，是推动乡村实现共同富裕的必由之路。“人民就是江山，江山就是人民”，以数字实现法治是国家治理能力和治理体系现代化的重要内容和体现。以数字赋能乡村建设，实现乡村治理现代化可谓中国共产党的人民至上的“初心”。当前，数字技术重新定义了生产力和生产关系，孕育出不同于工商业时代的数字社会形态，法律既要深入体察、及时回应数字技术对国家治理现代化影响，也要规范关涉数字社会的信息生态，为数字经济发展设定公平、正义的规则。数字和法治深度融合，是中国未来法治的生命逻辑，是中国法治现代化的必由之路。从域外乡村建设实践来看，美国突出以基金引导乡村建设，德国强化项目试点推进，日本则强调政企合力推进。我国数字支撑法治乡村建设，应以人民为中心，强调赋能与合规同步，突出良法善治为引领，助推基层治理体系与治理能力现代化。

数字支撑法治乡村建设主要体现在立法、执法、司法和守法各环节中。法治乡村建设在要强化数字化转化背景下，如何将利用数字化手段精准推动生产要素下沉，将支持政策制度化、法律化，强调全过程民主和人民民主，突出民意表达与收集数字化，在农业产业兴旺、乡村环境保护、乡风文明建设和乡村振兴地方立法等方面有效促进乡村立法，以数字化手段助推立法科学化和民主化；通过数字化提效乡村执法，利用数字化手段整合执法权能、执法平台和执法力量，探索“大综合化一体化”数字化行政执法模式，助力乡村多元治理和优化乡村公共服务支撑乡村行政；要因地制宜，通过强化乡村司法保障，整合多方资源，强化数字化赋能乡村调解，突出枫桥经验的现代化运用，完善乡村多元解纷机制，赋能乡村公共法律服务和提升法院在乡村治理中的效能支撑乡村司法；拓展数字化渠道，助力权利行使、强化义务履行、保障禁令遵守和提效法治宣传支撑乡村守法。

目 录

第一章
数字支撑法治乡村建设的新需求

数字技术的快速发展与广泛应用正深刻融入社会关系，日益成为实现国家治理能力、治理体系现代化，实施乡村振兴战略的新动能。2017 年 10 月，党的十九大报告论述要建设网络强国、数字中国、智慧社会，并作出了实施乡村振兴战略的重大决策部署。此后，《乡村振兴战略规划（2018—2022 年）》《国家信息化发展战略纲要》从信息化发展角度对乡村振兴与乡村发展作出了谋划。2019 年 5 月，中共中央办公厅、国务院办公厅印发的《数字乡村发展战略纲要》指出，数字乡村既是乡村振兴战略的重要方向，也是建设数字中国的重要内容。

2018 年 1 月，《中共中央 国务院关于实施乡村振兴战略的意见》明确提出建设法治乡村重大任务。2020 年 2 月，习近平总书记主持召开中央全面依法治国委员会第三次会议指出，加强法治乡村建设是实施乡村振兴战略、推进全面依法治国的基础性工作。要教育引导农村广大干部群众办事依法、遇事找法、解决问题用法、化解矛盾靠法，积极推进法治乡村建设。[①]2020 年 3 月，中央全面依法治国委员会印

[①] 习近平:《推进全面依法治国，发挥法治在国家治理体系和治理能力现代化中的积极作用》，载《求是》，2020 年 11 月。

发《关于加强法治乡村建设的意见》强调，坚持党的领导，以人民为中心，将法治与自治、德治相结合，从实际出发推进法治乡村建设，这成为数字支撑法治乡村建设的纲领性文件。

第一节　我国数字支撑法治乡村的背景

每一次技术革命，都给人类生产生活带来巨大而深刻的影响，不断提高人类认识世界、改造世界的能力。习近平总书记强调，没有信息化就没有现代化。迄今为止，人类先后经历了农业革命和工业革命，现在进入信息革命时代。随着乡村振兴战略的提出和实施，我国农村逐步从传统农村发展迈向现代农村、特色农村和数字农村。

一、数字支撑乡村建设的现实意义

实现乡村振兴，客观上需要有效引擎和持续动力。很显然，当前新一代信息技术创新空前活跃，不断催生新技术、新产品、新模式，推动全球经济格局和产业形态深度变革。我国率先将数字技术运用在城市建设，催生出的智慧城市已经获得了发展红利。在此背景下，加快推进数字技术在乡村的运用，无疑成为推进农业农村现代化的关键。

数字乡村，是指伴随网络化、信息化和数字化在农业农村经济社会发展中的应用，以及农民现代信息技能的提高而内生的农业农村现代化发展和转型进程。实证研究表明，互联网技术为缩小我国城乡收入差距带来了重要机遇，对农村居民的收入效应要大于城镇居民，因时因地发展互联网技术，提高农村地区互联网普及率，对缩小中国城乡差距具有重要的意义。[①] 事实上，数字技术在乡村的运用远不止如此，我国乡村现代化发展仍存在巨大的数字赋能空间。在农业生产经

① 程名望、张家平：《互联网普及与城乡收入差距：理论与实证》，载《中国农村经济》，2019年第2期。

营方面，云计算、物联网、人工智能的应用将赋能农业生产经营，提高农业生产效率与发展质量，为农业发展提供精准化生产、可视化管理、智能化决策等支撑；在农村经济发展方面，互联网打破了农村的信息壁垒和地缘差异，将提升农民市场对接的能力、提供农村创业就业机会、促进农产品及特色资源的营销推广；在乡村治理方面，服务"三农"等公共数据平台将融通农业农村、商务、民政、公安、市场监管，拓展民众多元参与农村治理途径与方式，凝聚社会力量参与数字乡村建设，从而促使乡村治理向开放、共治转变；在农村居民生活娱乐方面，5G 网络、卫星直播、数字电视有利于加快党和政府有关政策的落实，丰富农村文化生活的同时，传播乡土文化，助推我国乡村文化振兴。在"十四五"要求加快发展智慧农业、推进农业生产经营和管理服务数字化改造背景下，《数字乡村发展行动计划（2022—2025 年）》更进一步提出，要加快推进农业农村生产经营精准化、管理服务智能化、乡村治理数字化，数字乡村发展到 2025 年要取得重要进展，培育形成一批叫得响、质量优、特色显的农村电商产品品牌。

二、数字支撑乡村建设的时代意蕴

改革开放之初，邓小平同志指出，我们要实现的四个现代化，是中国式的四个现代化。我们的四个现代化的概念，不是像你们那样的现代化的概念，而是"小康之家"。此后，"小康"成为党和国家事业的重要目标。2021 年 7 月 1 日，习近平总书记向全世界庄严宣告："我们实现了第一个百年奋斗目标，在中华大地上全面建成了小康社会，历史性地解决了绝对贫困问题，正在意气风发向着全面建设社会主义现代化强国的第二个百年奋斗目标迈进。"在全面建成小康社会创造的良好背景下，实施乡村振兴战略，是解决人民日益增长的美好生活需要和不平衡不充分的发展之间矛盾的必然要求，是实现“两个一百年”奋斗目标的必然要求，是实现全体人民共同富裕的必然要求。

站在“两个一百年”奋斗目标的历史交汇点上，乡村振兴必须抓住数字化带来的重大历史机遇。幸运的是，我国早就充分认识到数字的重要性。2015 年，党的十八届五中全会首次提出“国家大数据战略”，以推动我国数字经济发展和数字化转型。2016 年，《中华人民共和国国民经济和社会发展第十三个五年规划纲要》第六篇“拓展网络经济空间”指出，牢牢把握信息技术变革趋势，实施网络强国战略，加快建设数字中国，推动信息技术与经济社会发展深度融合，加快推动信息经济发展壮大。得益于来自党中央、国务院的高度重视，我国乡村基础设施建设不断改善。2017 年，习近平总书记在中央农村工作会议上的讲话中指出，这些年，农村基础设施加快改善，县一级基本通高速公路了，大多数村庄都通公路了，村一级宽带互联网基本覆盖了，物流配送也大规模下乡了。“十三五”期间，我国积极探索应用以云计算、大数据、物联网、人工智能、5G 等为代表的信息技术，实现了在教育、医疗、就业、文旅等领域信息化建设的全新突破。中央网信办和农业农村部 2020 年发布的《中国数字乡村发展报告》显示，我国平安乡村数字化平台初步建成，基本建成涵盖中央、省、市、县、乡镇、村 6 级联网应用体系。国家互联网信息办公室发布的《数字中国发展报告（2020 年）》显示，我国信息基础设施建设规模全球领先，全国行政村、贫困村通光纤和通 4G 比例均超过 98%，贫困地区不通网难题已得到彻底解决。

发展网络和信息化事业为了谁？习近平总书记清晰地回答了这一问题：网信事业发展必须贯彻以人民为中心的发展思想，把增进人民福祉作为信息化发展的出发点和落脚点。[①]2021 年 3 月 11 日，十三届

---

① 《迈出建设网络强国的坚实步伐——习近平总书记关于网络安全和信息化工作重要论述综述》，载《人民日报》，2018 年 11 月 06 日。

全国人大四次会议表决通过的《关于国民经济和社会发展第十四个五年规划和 2035 年远景目标纲要》第五篇专题论述要加快数字化发展建设数字中国，提出要迎接数字时代，激活数据要素潜能，推进网络强国建设，加快建设数字经济、数字社会、数字政府，要加快发展智慧农业，推进农业生产经营和管理服务数字化改造。“十四五”时期是建设数字中国、全面推进乡村振兴的发力期。只有让乡村融入数字时代大潮，因地制宜运用数字技术助推乡村经济数字化转型、挖掘乡村数字潜力、探索数字村庄，才能提高乡村居民现代信息技能，弥合城乡发展差距，推动乡村向实现共同富裕的目标迈进。

[延伸阅读]

信息化的三次浪潮

20 世纪 80 年代　信息化 1.0

标志是个人计算机的普及应用，信息技术褪去神秘面纱，信息管理系统取代了手工处理。

20 世纪 90 年代中期　信息化 2.0

标志是互联网大规模商用进程推动的以联网应用为主要特征的网络化阶段，数据资源开始指数增长。

当前　信息化 3.0

标志是数据的深度挖掘和融合应用的智能化阶段，信息技术开始从作为助力社会经济发展的辅助工具，向引领社会经济发展的核心引擎转变，并且催生了一种新型经济范式——“数字经济”。

在前两次浪潮中，我国已经建立体系完整的信息系统，建成了高速泛在的通信网络，积累了丰富的数据资源，发展数字经济已具备坚实基础。在“人机物”三元融合的大背景下，以“万物均需互联、一切皆可编程”为目标，数字化、网络化和智能化呈融合发展新态势。

（资料来源：梅宏：《大数据与数字经济》，《求是》2022 年第 2 期。）

三、数字与法治乡村建设的融合必要

“人民就是江山，江山就是人民”，法治是国家治理能力和治理体系现代化的最重要内容和体现。以数字赋能乡村建设，实现乡村治理现代化可谓中国共产党的人民至上的“初心”。我国社会主义制度保证了人民当家作主的主体地位，党的领导从根本上保证将最广大人民的意志和根本利益凝聚起来，并通过法定程序成为国家意志，转化为法律法规。当前，数字技术重新定义了生产力和生产关系，孕育出不同于工商业时代的数字社会形态，法律既要深入体察、及时回应数字技术对国家治理现代化影响[①]，也要规范关涉数字社会的信息生态，为数字经济发展设定基本的公平正义规则。因此，将数字和法治深度融合，是中国未来法治的生命逻辑，是中国法治现代化的必由之路。[②]

法治乡村建设是一个系统工程，立法、执法、司法和守法是其重要环节。建设中国特色社会主义法治体系，必须坚持立法先行。习近平总书记指出，推进科学立法、民主立法、依法立法，是提高立法质量的根本途径。当前，电子民主扩大了立法参与范围，增加了立法透明度，并推动立法向民主化、公开化、多元化、专业化进一步发展。

① 马长山：《数字法学的理论表达》，载《中国法学》，2022 年第 3 期。
② 张文显：《论中国式法治现代化新道路》，载《中国法学》，2022 年第 1 期。

党的十八大以来，以习近平同志为核心的党中央高度重视网络安全和信息化工作，高度重视在发展数字技术过程中的法治保障作用，先后颁布《网络安全法》《个人信息保护法》《数据安全法》。为全面实施乡村振兴战略，促进农业全面升级、农村全面进步、乡村居民全面发展，加快农业农村现代化，我国出台了《乡村振兴促进法》，把乡村振兴纳入法治化轨道。

法律的生命力在于实施，高效的法治实施体系是推进国家治理能力现代化的重要途径和方式。借助数字技术，“互联网 +”向农村全面展开延伸，政府数字化建设正朝协同共享、开放便捷方向发展，越来越多村民可以通过电子设备随时随地参与到政治和民政事务中。因此，相较于传统科层制治理的“中心化社会结构”和“政府为中心”的大规模、多层级、中心化和等级化的治理样态，数字治理构建起了“民治、民有、民享”的现代化民意回应机制，帮助各社会治理参与主体更好地把握民意，及时提出应对之策。[①] 司法是数字法治乡村建设的重要保障，对社会治理有重要引领作用。在传统社会，法院裁判审理和裁判文书不公开、不透明，影响了司法机关的公信力。通过推行“互联网 + 诉讼服务”，我国司法审理的全部流程都可在网上完成，让人民群众及时感受到公平正义的工作原则，有力促进了社会公平正义，推动了智慧法院“最后一公里”的建设。裁判文书上网，是法院对公正高效权威司法的庄严承诺。截至 2020 年，我国已建立起汇集超亿篇文书的中国裁判文书网，成为法院不断强化司法为民、提升司法公信力的重要举措。不仅如此，乡村通过依托大数据管理中心，不仅打造出综合服务便民平台，而且能在同一时间内将法官、检察官、律师、警察等集聚网格，合力化解当事人纠纷。守法是数字法治乡村建设的基石，全民守法才能使社会和谐发展。乡村治理可以利用数字手段推进普法宣传，使村

[①] 张建锋：《数字治理：数字时代的治理现代化》，电子工业出版社 2021 年版，第 59—60 页。

民树立自觉维护法律权威的法治观念和法治意识，进而在乡村形成自觉、主动守法的良好道德风尚。不仅如此，社会各界也在充分利用数字技术，为基层治理建设做贡献，如12306、微信等软件推出适老化及无障碍改造相关功能；又如，各地推出适老服务套餐，优化老年人的就医服务流程。总之，随着顶层设计不断完善，数字技术正在拓展乡村法治建设的内涵和外延、推动为乡村优秀价值的传播，不断丰富乡村自治、法治和德治的实现形式和三者之间的结合方式。①

四、数字支撑法治乡村建设的总体条件

改革开放四十多年来，社会主义法治建设实践表明，法治建设的根基在基层，难点在乡村。② 数字支撑法治乡村建设的核心要义在于，把数字视为法治乡村建设的一种拓展方法、革新策略和优化路径。目前，我国法治乡村建设虽然对数字的影响作出了积极回应，但数字法治乡村的图景尚未完全展开，对乡村生产方式的效用尚不能精准预知。但可以肯定的是，若要利用数字支撑法治乡村建设，至少以下几个方面的条件是必需的。

首先，建设数字法治乡村要求地方在充分遵循法律体系和把握中央有关乡村振兴总体要求的基础上，综合考虑本地实际，发挥技术优势，探索出适合本地的数字乡村模式。在整体上，数字法治乡村建设的推进路径，是利用信息技术推动数字立法、数字政府、数字法院、法治宣教等法治各环节的数字化转型，进而聚焦具体使用场景和领域去解决乡村法治建设痛点问题，最后通过多个场景逐步叠加，汇聚成相互贯通的数字法治系统。虽然互联网和手机已无处不在，但它们尚不足

① 谢文帅、宋冬林、毕怡菲：《中国数字乡村建设：内在机理、衔接机制与实践路径》，载《苏州大学学报（哲学社会科学版）》，2022年第2期。

② 江必新、过安衡：《法治乡村建设论纲》，载《杭州师范大学学报（社会科学版）》，2022年第3期。

以成为数字法治系统中信息中介空间的充分条件。加之我国地域广袤，地区经济发展不平衡，农业现代科技的技术支撑不强，这限制了乡村发展数字法治的能力。《孙子兵法·虚实》言，“我专为一，敌分为十，是以十攻其一也，则我众而敌寡”。也就是说，乡村需要根据已有资源采取相应策略，况且同样的“武器”，不同人使用的效果也可能不同。因此，在资源有限的背景下，乡村建设更需扬长避短、聚焦资源、协同共进。数字赋能乡村法治建设的根本目的是利用数字技术助力乡村治理，而提升乡村治理效能的关键是紧紧围绕党的领导这一根本定位。只有强化基层党组织的领导，提升基层党组织的组织力、政治功能，发挥其领导作用，才能最终保证乡村振兴的实现。

其次，利用数字技术将法治各环节联系在一起，需要破除数据和技术壁垒，克服体制性障碍，以实现跨层次、跨部门、跨系统的数据共享。新一轮信息革命对法治的影响,表现为法律通过数据这一“中介”分配社会资源、化解社会纠纷、传递社会价值。但不难发现，我国现阶段数字乡村法治建设是一种政府主导型，侧重基础信息技术建设的方式，企业参与度有待提高。此外，由于法治乡村建设尚未建成统一的数据共建共享机制，这导致任务分工及统筹协调难度较大，治理主体之间信息共享不及时，容易造成工作误差。不仅如此，乡村数据开放程度不高，缺乏与社会的衔接机制，这将阻碍数据要素市场一体化步伐，制约数据资源蕴含的价值的挖掘与转化。为此，既有必要提升乡村技术设施建设与多样化的数字平台建设，又有必要出台相应规定规范数据在不同场景中的开放共享，克服“数据烟囱”和“信息孤岛”等难题。尤为重要的是,在全链条数据共享中保护数据安全和他人隐私，是数字法治乡村建设中必须解决的要点。可见，创建一个数据生命全周期的安全有序共享、能够弥合政府与企业之间在实践中对数据需求的平台，无疑是个巨大、持久的挑战。

最后，乡村居民的法治素养，是法治乡村建设的坚实基础。一方面，互联网使每个人都成了信息传播者，若乡村居民缺乏某些必要的法治观念和教育引导，就很容易被网络上的虚假信息欺骗，导致造成财产和精神损失；另一方面，国家作为行动主体的情形正逐步地转变为公民积极参与构建更具参与性的关系，若乡村居民不知法、不懂法、信息素养不高，程序意识不强，那么数字带来的法治效能就无法让他们真切感受到，法治的权威性无法在乡村治理中得到彰显。事实证明，深奥的法治理论和烦琐的法律程序，可以通过互联网向民众进行生动讲解、诠释和传播。[①] 只有农村居民具有较高的法治素养，才能在学法用法中把良法善治的目的体现出来。

第二节　数字支撑法治乡村建设的域外动向

“科技让生活更美好”，建设数字国家已经成为全球共识。正如联合国数字技术影响报告所言，通过增强连通性、金融包容性、获得贸易和公共服务的机会，信息科技可以加速实现 17 项人类可持续发展目标中的每一项，从而帮助世界变得更公平、更和平、更公正。当然，在较短的篇幅内详尽阐述域外数字法治乡村建设动向，实非易事。域外数字法治乡村建设的提出背景、法律框架以及数字乡村建设进展，值得关注。

一、美国：基金引导型数字乡村建设

美国是信息技术的重要创新者和引领者，也是最早布局数字经济的国家。不过在数字立法方面，与我国和欧盟的统一立法模式不同，美国联邦层面没有统一的数据基本法。美国现行对数据和隐私保护的

① 宋玲:《持续提升公民法治素养》，载《红旗文稿》，2021 年第 20 期。

立法，是由宪法、联邦和各州法律以及在电信、金融、健康、教育以及儿童在线隐私等分行业式分散立法组成。美国为在全球范围内确保人工智能、5G、自动驾驶等数字经济领域为主导的生态系统，在特朗普执政时期，美国先后公布《维护美国人工智能领导地位的行政命令》《临时国家安全战略指南》《2021 年战略竞争法案》《2021 年美国创新与竞争法案》《数字战略（2020—2024 年）等法案或相关政策。[①]2021 年 6 月，拜登签署通过《2021 年美国创新与竞争法案》，重点聚焦数字技术、数字安全、数字规则等关键领域。2022 年 3 月，美国参议院通过《下一代电信法案》，旨在支持先进通信技术研发，维护美国在全球信息领域的领导地位。在数据开放方面，美国以《透明和开放政府备忘录》和《信息自由法案备忘录》为总纲，以《信息自由法案》为指导，以《开放政府数据法》《开放数据政策》等文件为具体管理办法，以《开放数据的元数据规范》为技术标准，并结合相关考核评估体系及激励机制，形成数据开放全流程的管理体系。在数字司法建设方面，美国联邦最高法院于 2001 年就启动了案件管理和电子档案系统，形成了覆盖全国多层级法院的诉讼文档数据库。新冠肺炎疫情流行后，线上法院以前所未有的速度推进。美国皮尤慈善信托基金的报告指出，密歇根州和得克萨斯州在新冠肺炎疫情之前没有为民事法庭案件举行过一次视频听证会，但在 2020 年 4 月 1 日至 6 月 1 日期间，他们分别进行了超过 35,000 次和 122,000 次视频听证会。随着数字技术在司法领域的广泛应用，美国首席大法官会议（CCJ）和州法院行政长官会议（COSCA）于 2020 年 7 月批准决议，建议法院在采用新技术时应确保满足正当程序、程序公平、透明和平等获取的原则。

美国数字乡村建设并非一蹴而就，其发展依赖国家持续不断的支持。如果说 1936 年出台的《农村电气化法》标志着美国乡村发展政策

---

① 胡微微、周环珠、曹堂哲:《美国数字战略的演进与发展》，载《中国电子科学研究院学报》，2022 年第 1 期。

体系正式启动，那么1972年《农村发展法》的实施则开启了美国农村政策制度化的时代。[①] 美国农业信息化建设起步于20世纪50年代，且重视农业信息化网络基础设施建设。从20世纪90年代开始，美国政府每年拨款10多亿美元建设农业信息网络。进入21世纪后，美国通过利用自动控制技术和网络技术，已经实现了农业数据资源的社会化共享。现阶段，在美国议会领导下，数个旨在提高乡村网络服务的项目正在进行。“连接美国基金”用以支持农村和高成本地区的消费者获得现代电信网络；美国联邦通信委员会则于2019年建立“乡村数字机会基金”（RDOF），计划在10年内针对至少400万农村家庭和未服务地区的小企业发放204亿美元的普遍服务基金补贴；美国议会2020年发布一建议“设立5G基金”，以计划在10年内向运营商提供高达90亿美元的普遍服务基金补贴，在美国农村地区部署先进的移动无线服务。

［延伸阅读］

美国：乡村数字机会基金（RDOF）

基金的目标

美国联邦通信委员会（FCC）是由美国国会领导的联邦政府机构。乡村数字机会基金，是该委员会在2019年发布的、迄今为止最大一项旨在缩小乡村数字鸿沟的计划。该项基金计划在十年内拨款204亿美元用于发展乡村宽带网络，为美国乡村数百万没有宽带服务的家庭和小企业提供固定宽带和语音

① 胡月、田志宏：《如何实现乡村的振兴？——基于美国乡村发展政策演变的经验借鉴》，载《中国农村经济》，2019年第3期。

服务。

基金的使用规划

RDOF 展开两个阶段的竞争性拍卖，有兴趣的宽带运营商可以参与拍卖和竞标。竞标者承诺以最低成本向拟定地区提供宽带和语音服务。

第一阶段：该阶段侧重没有互联网接入的地区。根据 FCC 的界定，“无互联网接入”是指“完全没有语音服务且宽带速度至少为 25/3 Mbps”的人口普查区。第一阶段的拍卖于 2020 年 10 月 29 日开始，并于 2020 年 11 月 25 日结束，为 180 家中标者提供了 92 亿美元支持，其中包括现有电话公司、有线电视运营商、电力合作社、卫星运营商和固定无线提供商。

第二阶段：在该阶段中，RDOF 将再授予 112 亿美元的基金，以支持那些根据 FCC 最新数据确定的人口普查地区，以及 RDOF 第一阶段中未触及的地区。

对中标者的要求

每个 RDOF 中标者（或其受让人）必须向 FCC 提交一份长格式的申请。其中，申请人必须从相关州或 FCC 获得合格的电信运营商称号，提交详细的技术和系统设计说明，包括由专业工程师认证的网络图、项目资金说明，以及详细说明其计划如何为其拟议的方案提供资金。

如果申请人满足申请要求，FCC 会发布“准备授权”公告，申请人借此可以在 10 个工作日从银行申请不可撤销的备用信用证。信用证至少涵盖其将获得支持的每个州的第一年的支持，以及由外部法律顾问出具的破产律师意见书。

虽然 RDOF 将在 10 年内支付给运营商，但运营商必须每年完成备案和认证要求，并且在第 8 年年底前完成获得其负责地区的所有地点的网络部署工作，以及必须满足 FCC 设定的部署要求。

（资料来源：https://www.usac.org/high-cost/funds/rural-digital-opportunity-fund/，美国 USAC“普遍服务基金”。）

尽管美国数字乡村的建设取得了较大发展，但仍在存在机制臃肿、数字鸿沟等问题。在美国，主要由农业部承担负责协调联邦农村政策，其下属农业农村发展部协助承担乡村可持续发展和提升居民生活质量职能，如农村商业与合作发展、农村公共事业服务、农村住宅服务。2019 年的一份研究报告显示，为促进乡村经济和社区发展，美国已有超过 400 个项目向农村开放，这涵盖 13 个部门、10 个独立机构以及 50 多个办事处和子机构，并且有 14 个立法委员会对这些计划的授权立法具有管辖权。[①] 很显然，这些计划远远超出了美国农业部权限。此外，美国互联网使用量一方面稳步增长，另一方面互联网普及率在不同族群和不同区域间的差异十分明显。美国农业部 2021 年发布的报告显示，截至 2019 年 6 月，居住在美国的 90% 以上的人拥有中速（每 100—999Mbps）或高速宽带（超 1000Mbps）互联网服务，可用于高质量视频通话。[②] 但截至 2018 年，仍有 4200 万美国成年人缺乏可靠的宽带连接。美国人口普查局的研究则显示，36.4% 的黑人家庭和 30.3% 的西班牙裔家庭既没有计算机没有宽带订阅，白人家庭和亚裔家庭的这一比例分别为 21.2% 和 11.9%。[③]

---

① 布鲁金斯:《农村政策的再检视》，https://www.brookings.edu/wp - content/uploads/2020/11/Rural - Dev - Assistance - Brief.pdf，最后访问日期：2022 年 6 月 16 日。

② 美国农业部:《美国农村一览（2021 年）》，https://www.ers.usda.gov/webdocs/publications/102576/eib - 230.pdf?v=4409，p.11，最后访问日期：2022 年 6 月 16 日。

③ 美国人口普查局:《数字鸿沟：按宽带互联网订阅、计算机类型、种族和西班牙裔划分的家庭百分比》，https://www.census.gov/library/visualizations/2017/comm/internet.html，最后访问日期：2022 年 6 月 16 日。

二、德国：项目试点型数字乡村建设

德国是世界上较早开展数据保护的国家。1970 年，原西德黑森州率先制定了《个人数据保护法》，该法成为世界上第一部个人数据保护法。1977 年，联邦德国制定了《德国联邦数据保护法》。1996 年，德国出台了《多媒体法》，该法是世界上第一部互联网应用于行为规范的法律。进入 21 世纪，德国有关数据保护的立法已融入欧盟数据法体系，《欧盟通用数据保护条例》在德国具有直接适用的法律效力。当前，德国在数字司法方面，联邦政府和联邦各州的数个立法改革项目正在“电子司法”和“电子法律交易”的框架内展开；在数字政府方面，德国 2017 年公布《线上接触法》（OZG），要求德国联邦、州和地方政府通过行政门户网站以电子方式提供行政服务，并且还要求这些门户网站须链接起来形成一个门户网站网络；在政务数字分享方面，为落实行政服务的“一站式”原则，2021 年 4 月公布《登记现代化法》，为德国联邦、州和地方各级登记簿全面现代化提供了法律依据。在此基础上，德国还将出台《企业基本公司注册法》为跨部门和注册的公司创建统一的识别号，以推动德国现代化、数字化和网络化的登记环境的建议。

德国很早就注意到数字化转型升级的重要性，“第四次工业革命”的提出者正是德国。2013 年，德国政府在汉诺威工业博览会上首次提出“工业 4.0”概念。“工业 4.0”是《德国 2020 高技术战略》中提出的十大未来项目之一，旨在提升制造业的智能化水准，建立具有适应性、资源效率及基因工程学的智能工厂。此外，德国先后出台《数字议程（2014—2017 年）》《德国数字战略 2025》，提出了包括支持投资和创新、扩大基础设施和智能网络等措施。2018 年，德国新一届政府基民盟、基社盟和社会民主党联合公布组阁会议，针对数字治理提出强化基础设施、推进数字化创业、在全国所有中小学构建“数字协议”等内容。[①]

新冠肺炎疫情给德国数字化政策带来了极大影响。德国联邦参议院于2020年6月通过“抗击新冠病毒后果、确保繁荣、加强未来能力”新冠病毒恢复计划。该项计划通过投资1300亿欧元，针对公共行政、文化、林业、学习、人工智能、量子技术、5G、光纤部署、智慧城市、数字主权和医院的数字化采取多项措施。此后，德国于2021年先后公布《联邦数据战略》《德国复苏和复原力计划》。前者确立了可持续的数据基础设施、促进数据创新并负责任地使用数据、提高数字能力并打造数字文化、加强国家数字治理四大领域，旨在增加商业、科学、社会和行政管理领域中数据的收集和使用；后者旨在改善德国投资环境，促进经济增长并创造就业机会，并对德国社会所有领域进行脱碳和数字化处理。[②]德国信息技术、电信和新媒体协会和城镇协会的一项从2020年12月开始展开的研究指出，88%的市长和负责数字化的受访者认为，新冠肺炎疫情是德国数字化转型的根本驱动因素。[③]

与我国类似，德国同样有广阔的农村地区，农村人口仍然占据着人口的多数。德国当前70%的面积被定义为乡村。从人口比例来看，比例正好相反，几乎70%的人口生活在城市，30%的人生活在乡村。[④]当前，德国政府已经注意到城市和乡村之间在数字基础设施、数字教育、数字健康等方面仍存在较大差距。为推动乡村数字化转型，德国主要在乡村宽带推广和数字社会变革两方面展开工作。在德国，主要由德国联邦食品与农业部（BMEL）主持乡村数字化工作。德国政府认为，

① 王少泉：《德国数字治理镜鉴下的中国国家治理现代化》，载《重庆行政》，2019年第2期。

② 欧盟委员会：《德国的复苏和复原力计划》，https://ec.europa.eu/info/business - economy - euro/recovery - coronavirus/recovery - and - resilience - facility/germanys - recovery - and - resilience - plan_en，最后访问日期：2022年6月16日。

③ Basecamp：《德国公共机构的数字化：实际顺利的是什么？》，https://www.basecamp.digital/digitalisierung - deutscher - behoerden - was - laeuft - eigentlich - gut/，最后访问日期：2022年6月16日。

④ Gilroy, Patrick; Krimmer, Holger; Priemer, Jana; Kononykhina, Olga; Pereira Robledo, Maria; Stratenwerth - Neunzig, Falk：《农村地区濒临死亡的协会——数字化是一种机遇》，https://vereinsfinder - fichtelgebirge.de/wp - content/uploads/2019/12/vereinssterben_in_laendlichen_regionen.pdf，最后访问日期：2022年6月16日。

要有效发挥农村数字化的潜力，需要考虑乡村地区的具体条件。2019年，德国联邦食品与农业部建立了14个“数字化实验场”。专业人员从中探究，如奶牛养殖、葡萄园养护、农业机械数字数据交换等方面的数字化的解决方案，以提高它们的互动效率和生产力。此外，德国推出联邦农村发展计划(BULE)提出构建“数字乡村”项目，一方面从研究、个别示范项目，以及专门为乡村地区开发大规模虚拟应用平台中提炼出适用于农村的专业知识；另一方面维持乡村地区的吸引力，同时通过资金支持数字技术薄弱的地区。2021年1月，德国联邦政府的投资与未来计划启动，计划在2024年之前投资8.16亿欧元用于支持农村数字化建设。[①]

[延伸阅读]

德国:“数字乡村”项目

项目目标

德国联邦农业与食品局乡村发展能力中心（KomLE）代表德国联邦食品与农业部（BMEL），寻找能够利用信息和通信技术的智能化使用和联网，在地方一级开展创新性、可持续推进、解决乡村地区的问题的兴趣方。示范的项目是开发准许转让的针对个别问题的解决方案，或可作为其他地方可以效仿的模板，或是能为BMEL制定政策服务的项目。

法律依据

项目授予的法律依据是《联邦农业与食品局关于实施示范

① Das Bundesministerium für Ernahrung und Landwirtschaft, Digitalisierung in der Landwirtschaft – Chancen nutzen – Risiken minimieren, Datum14.04.2021。

项目（MuD 项目）第 08/17/32 号公告》、标准条款（包括按支出或成本计算的资助的额外规定，《德国预算法》(BHO) 第 23、44 条规定和与此相关的行政法规 (VV-BHO)，以及《德国行政程序法》(VwVfG) 第 48、49、49a 条）。根据《第 08/17/32 号公告》申请的资助依《欧盟第 1407/2013 号命令》作为最低限度的援助而授予。

若发现授予的项目没有法律依据，BMEL 可在其现有预算资金的框架内，根据职权以自由裁量决定。

资助对象

项目针对乡村地区进行，重点关注是现有基础设施的智能联网，以及当地用户的参与。为此，项目既可以是开发新的数字应用（只要它们符合共同标准），也可以提出创新性使用现有数字应用的方案。但只有能在全国范围内起到示范效应的项目才是有资格获得资助的项目。这意味着申请人要以新颖的理念实现既定的乡村发展目标，使新的参与者能加入乡村建设中，或以非凡的方式实施现有的理念，从而成为其他人的先锋榜样。

只有建立在现有宽带基础设施上的项目才会得到资助，例如，提供高速互联网连接的方案不包括在内。优先的项目主题：a) 本地供应；b) 物流；c) 卫生保健；d) 弹性办公和技术工人；e) 教育服务；f) 志愿服务；g) 应对人口变化的解决方案。生产货物类的项目、研究和开发类项目，以及发展概念和可行性研究类项目，不属于资助范围。

（资料来源：《德国联邦农业与食品局关于实施示范项目（MuD 项目）第 08/17/32 号公告》。）

数字化转型对德国而言，既是机遇，也是多年来一直存在的问题。《德国数字战略 2025》指出，数字化转型将给德国带来至少 820 亿欧元的额外 GDP。但同中国和美国相比，德国数字产业规模小，数字人才匮乏，这导致德国在数字经济上相对落后。联合国公布的《2021 年数字经济报告》显示，在全球体量前 100 的数字平台市值总和中，中、美两国占了近 90%，欧盟仅占 3%。[①] 此外，德国数字专业人才仍存在很大缺口。德国信息技术、电信和新媒体协会指出，德国在 2020 年底 IT 专家的缺口至少为 86000 名，在接受调查的 10 家公司中，有 7 家公司就存在缺少 IT 专家的问题。[②]

三、日本：政企合力型数字乡村建设

日本数字经济在全球处于领先地位。我国信息通信研究院 2021 年发布的《全球数字经济白皮书》显示，日本数字经济规模仅次于美、中、德三国，位列全球第四。然而人多地少、精耕细作是日本农业的典型特征，加上高龄少子化社会趋势，日本农业生产陷入了“空心化”的窘境。据日本综合研究所预测，日本到 2030 年的农业人口将减少到 100 万人。为此，自 2016 年起至今，日本依托制造业基础提出“互联工业”战略，并相继发布《日本制造业白皮书》《综合创新战略》《集成创新战略》《第 2 期战略性创新推进计划（SIP）》《科学技术创新综合战略》等战略和计划，推动产业数字化发展，以突破人口老龄化、劳动力短缺、产业竞争力不足等发展瓶颈。在乡村建设方面，日本政府结合本土农业特点，在薄弱环节重点推进智慧农业。对此，日本数字乡村建设主要从完善相关规章制度、构建完整的农业农村信息服务

① UNCTAD,Digital Economy Report 2021, https://unctad.org/system/files/official - document/der2021_en.pdf, p. 22，最后访问日期：2022 年 6 月 16 日。

② Bitkom:《86,000 个 IT 专业人员的职位空缺》，https://www.bitkom - research.de/de/pressemitteilung/86000 - offene - stellen - fuer - it - fachkraefte，最后访问日期：2022 年 6 月 16 日。

体系，以及加大对农业从业者的数字技术的培训力度这三个方面展开。[①]从时间轴上，日本乡村振兴政策体系可分为两个阶段。第一个阶段以 1961 年颁布实施的《农业基本法》为起点，旨在解决城乡发展不均衡问题，缩小城乡居民收入差距。第二阶段以 1999 年颁布实施的《食品·农业·农村基本法》为起点，首次将“乡村振兴”列为主要政策目标。[②]

在建设农业农村信息服务体系方面，日本主要从两方面推进：其一是日本政府自 2016 年以来建设集农产品市场销售、价格预测、生产服务于一体的涉农信息服务体系；[③]其二是日本政府与企业合力推进“智慧农业”。双方通过开发国家平台聚拢分散在信息与通信技术供应商和农业设备制造商手中的公共数据，同时依托雅马哈、久保田等企业研发并推广各类农业机器人提升农业生产数字化水平。[④]比如，日本政府为从事农业的主体构建“农业数据协作平台”（WAGRI）。它一方面聚拢了分散在 ICT 供应商和农业设备制造商手中的公共数据，另一方面由于其作为数据基础设施，具有在公共云上连接私营部门农业数据的枢纽功能。借助该平台，不仅有关气候、农田、土壤等数据可以在数据提供者和用户之间流动，私营部门也可以使用该平台的数据连接功能发展新业务；在数字人才培养方面，秉承“以学生为中心”的学习指导，日本内阁会议发布《创新综合战略 2019》要求所有大学的 AI、数理、数字科学教育必修化，文部科学省制定出理工科人才培养战略强化下一代科技创新人才和全球竞争人才的早期培养。[⑤]

历经 60 多年发展，日本的乡村振兴战略取得了一定成效，但并未从根本上解决日本农村农业衰退、乡村凋零的难题，尤其是农业劳动者持续减少与高龄化状况。整体上，日本民众强烈的隐私保护意识和

① 江洪：《日本数字化农业发展对我国的启示》，载《南方农业》，2018 年第 29 期。
② 林兴：《日本乡村振兴政策体系的成效与问题》，载《中国社会科学报》，2022 年 2 月 21 日。
③ 向红梅：《日本农产品电子商务发展实践及借鉴》，载《世界农业》，2017 年第 2 期。
④ 江洪：《日本数字化农业发展对我国的启示》，载《南方农业》，2018 年第 29 期。
⑤ 田辉：《构建贯通培养体系——日本创新人才教育面面观》，载《光明日报》，2021 年 6 月 24 日。

日本社会老龄少子化，日本整体社会趋向保守，乐于接受数字新生事物的年轻人越来越少，数字产业的应用场景变得有限，这阻碍了日本数字经济发展。加之农村高龄化及人口减少的趋势比城市地区来得更早，农村老龄化趋势更加明显。研究显示，2020 年农业经营户比 2015 年减少 107.6 万户，并且 2020 年基础农业劳动者的平均年龄为 67.8 岁，乡村振兴缺乏充足劳动力支撑。[①]5G 技术无疑有助于日本化解劳动力人口急剧减少和人口老龄化、偏远农村看病难和送货难等问题。但 Opensignal 在 2021 年 6 月公布《亚太地区 5G 体验基准测试报告》中，日本在 5G 游戏体验、5G 视频体验方面、语音应用等方面均处于垫底位置。值得注意的是，由于日本服务行业高度发达，日本粮食供给呈现朝向“无需在家处理食品以及综合性配菜”“利用网络购买食品”等方向发展。然而食品加工集约化、系列化导致餐桌与生产现场之间距离扩大，这造成乡村地域所传承的传统食文化出现衰退现象。

第三节　数字支撑法治乡村建设的基本原则

数字支撑法治乡村建设，是提升乡村治理体系和治理能力现代化的应有之义。在实践层面，如欲通过数字支撑法治乡村建设，就要思考数字和法治的关系，摒弃仅依靠数字工具，而是需将其嵌入立法、执法、司法、守法、法律监督、法治宣传等一系列法治环节中。因此，数字支撑法治乡村建设的基本原则会在数字和法治两个层面得以展开，前者既要服从后者的权威，同时在后者的各环节分散和深入。

一、“人民至上”为中心

以“人民至上”为中心是我国法治建设最鲜明的特色。习近平总

① 林兴:《日本乡村振兴政策体系的成效与问题》, 载《中国社会科学报》, 2022 年 2 月 21 日。

书记指出："我们要坚持的中国特色社会主义法治道路，本质上是中国特色社会主义道路在法治领域的具体体现；我们要发展的中国特色社会主义法治理论，本质上是中国特色社会主义理论体系在法治问题上的理论成果；我们要建设的中国特色社会主义法治体系，本质上是中国特色社会主义制度的法律表现形式。"[①] 可见,数字支撑法治乡村建设是在中国共产党的领导下，坚持人民主体地位，把人民作为法治建设的主体。

长期以来，我国传统乡村被认为是"原子化社会"，公共性先天不足。那么以"人民至上"为中心的建设思想，是如何内嵌于数字支撑法治乡村的建设之中呢？当前，数字对乡村法治建设的支撑，已经证明了这一点。众所周知，单个法治建设项目的加总，并不足以形成一个体系完备的法治总体，而一个空间内各部分的同质性越强，交易成本就越低、效率越高。我国实施乡村振兴，是在党对农村工作的领导下，充分发挥乡村居民在乡村振兴中的主体作用，以调动乡村居民的积极性、主动性、创造性。譬如通过"互联网 + 党建"模式，数字强化了基层党组织的"神经末梢"，增强了基层党组织的领导力、凝聚力和战斗力，更好地发挥了党建在乡村振兴工作中的引领作用。

在党建引领下，数字法治系统高效调动各方主体共同参与乡村建设，为多方协商沟通创建交流平台，实现乡村法治建设的和谐共治。譬如国务院办公厅发布了《"互联网 + 政府服务"技术体系建设指南》，体现了党全心全意为人民服务的根本宗旨，有效解决了"办证多、办事难、循环证明"等问题，提高了政府服务效率。当然，互联网使得领导者的政治行为处于公众的监督之下。但这是从事公共管理所必然要付出的成本。通过借助微博、微信等社交平台，地方能及时高效地

① 习近平:《坚定不移走中国特色社会主义法治道路为全面建设社会主义现代化国家提供有力法治保障》,载《求是》,2021 年第 5 期。

收集民情民意以了解本地区村名诉求，进而提升镇街、村委管理的精细化和服务的精准化，从而基本实现了“小事不出格、大事不出村”。这便是数字时代中治理科技的应有之义，即以数字科技为依托，以民众需求为导向，以协调、整合、责任为治理机制，对治理层级、功能、公私部门关系及信息系统等碎片化问题进行有机协调与整合，不断从分散走向集中、从部分走向整体，为民众提供无缝隙，非分离的整体型的政府治理图式。①

二、赋能与合规同步

当前，我国通过《网络安全法》《个人信息保护法》《数据安全法》构筑起了“四位一体”，即“国家安全—网络安全—信息安全—数据安全”的顶层数字治理法律制度框架。随着这些法律的实施，数字支撑法治乡村建设中面临着重大挑战，如个人、企业、政府等参与主体数字法律思维的转变,如何将数字与法律和管理有效融合等。在遵从以“人民至上”为中心的价值引领下，数字嵌入法治乡村建设的全过程须符合数字赋能和数字合规两个原则。②

数字赋能，即数字对国家、社会和个人赋能，创造“人—政府—社会”协同的普惠格局。数字赋能法治乡村建设，首要任务是弥合农村居民法治意识短板，让更多农村居民参与到法治乡村建设中来。当前正在逐步推进的“互联网＋公共法律服务”，不仅能够满足公民享有平等法律服务的要求，同时有利于营造公平、正义的社会环境，为社会稳定发展起到促进作用。③此外，在数字支撑法治乡村建设中，基层政府是重要的参与者、推动者。通过利用数字技术创新基层管理机制，

① 叶璇:《整体性治理国内外研究综述》，载《当代经济》，2012 年第 6 期。
② 许可:《个人信息治理的科技之维》，载《东方法学》，2021 年第 5 期。
③ 王贺洋:《“互联网＋公共法律服务”体系建设与完善》，载《人民论坛》，2018 年 第 20 期。

政府可以提升治理总体绩效，如整合优化县乡公共服务和行政审批职责，打造“一门式办理”“一站式服务的”综合服务便民平台。[1]另外，为了充分发挥公共部门数字化的潜力，地方政府应尽可能释放公共数据资源供社会利用，扩大基础公共信息数据安全有序开放，从而促进组织内各部门间、价值链上与企业间，甚至跨区域间的协作与跨界融合，创造新的公共价值。可以预见，将数字在建设法治乡村中深入推进，将有利于数字政府、数字经济、数字社会的一体建设。

数字合规，即数字必须遵循法律法规而不是自治规则。首先，“公平”是数字支撑法治乡村建设的轴线。数字公平不局限在利用数字技术消除数字鸿沟，让数字成果惠及所有公民，更要求数字不得对个体造成不合理的损害、不公平地歧视信息主体，以及不利用信息主体弱点推送低趣味内容。其次，“透明”是数字支撑法治建设的基本特征。数字政府具有直接面向公民工作与业务工作双重特性。数字透明原则是帮助建立信任的重要方式。只有告知信息主体收集了哪些数据，以及这些数据是如何被使用的，才能让公民的数据权利得到更有效保障。数字政府全面推行政务公开，决策、执行、管理、服务、结果全过程都通过网络让全社会知道，让权力在阳光下运行。最后，“合法”是数字支撑法治建设的底线。在数字乡村建设中，越来越多的活动在线化和数字化，生产、处理和储存了海量数据。地方政府利用数字平台实现公共数据开放的同时，还需保障公共数据的安全及多方权益；企业利用个人信息须取得信息主体的同意，并采取相应的加密、去标识化等安全技术措施。

[1] 中共中央党史和文献研究院编著:《习近平关于“三农”工作论述摘编》,中央文献出版社 2019 年版,第 136 页。

三、良法善治为引领

科学技术并非中立，如果缺乏国家层面的意志约束和价值输入，数字会演变为一种冰冷的代码。纯粹的技术方案，显然不足以创建并维持法治系统。在技术层面将模糊的法律规则转换为精准的代码规则，必然以丧失法律的灵活性为代价。利用数字支撑法治乡村建设，关键性问题是我国需要实现一个怎样的数字法治乡村。

正如有观点所言，西方文化较注重知识（求真），中国传统文化较重人性。追求知识，尤其是以机械性的逻辑去演绎不逻辑的人性，往往钻入死胡同。[①] 而受形式法治主义的影响，在实践中数字法治乡村建设将面临诸多困惑和难题，这将导致法治乡村的建设缺乏认同度。因此，构建成熟的治理体系，提升治理效能，必须强化有感化力、吸引力、信服力的价值体系，必须充分考虑到数字技术之多样性和复杂性，在数字技术应用中充分体现社会主义核心价值观。正如习近平总书记所说："一个国家的文化软实力，从根本上说，取决于其核心价值观的生命力、凝聚力、感召力。培育和弘扬核心价值观，有效整合社会意识，是社会系统得以正常运转、社会秩序得以有效维护的重要途径，也是国家治理体系和治理能力的重要方面。"在全面建成小康社会创造的良好背景下，要"谨庠序之教，申之以孝悌之义"，立足中华优秀传统文化，培育践行社会主义核心价值观。

不同技术将塑造和改变社会行为习惯，新技术往往会产生一些意想不到的后果。数字支撑法治乡村建设的本质要求，应是以良法善治为根本标准。作为社会主义核心价值观融入法治的根本体现和价值导向[②]，良法善治要求数字在广度和深度方面对我国社会产生赋能效用。具体地说，法治之"法"强调法律形式与法律实质内容是相互统一的

① [加拿大]梁鹤年:《西方文明的文化基因》，生活 · 读书 · 新知三联书店 2014 年版，第 73 页。
② 江必新、程琥:《论良法善治原则在法治政府评估中的应用》，载《中外法学》，2018 年第 6 期。

良法；法治之“治”强调法律的适用是原则上统一，但兼顾不同适用对象特殊性的善治。从数字赋能乡村法治善治化的全图景视角来看，数字赋能是从乡村发展实践需求出发，通过依托先进的数字信息技术，增强乡村信息化程度、提升乡村智慧化水平、养成乡村居民数字化素养，从而达到重构乡村生活空间、重塑乡村文化形态的目标。

值得指出的是，在数字支撑法治乡村建设的运作设计层面，要特别谨防因为新技术的运用给不同年龄阶段、不同教育背景、生理条件的人们带来困扰，如形成“数字鸿沟”，将特定人群譬如老年人排除出服务体系而得不到普遍服务。因此，数字下沉到乡村要创造普惠和包容的治理环境，在扩展法律适用的场域的同时，能在乡村复杂多样的场域中助益乡村共治、智治和善治的实现。

第二章
数字支撑乡村立法

第一节 数字支撑乡村振兴立法的新需求

乡村振兴战略是党中央在新时期对“三农”工作作出的政策供给，是对过往政策、方针、制度的经验总结，对涉农要素改革、国家治理现代化的全新布局。作为一项影响乡村乃至整个中国未来发展走向的重要战略，2018 年中央一号文件就提出“强化乡村振兴法治保障，充分发挥立法在乡村振兴中的保障和推动作用”，以法治之治克服政策推进三农改革的弊端，以系统立法促进涉农法律体系的革新。在数字时代，立法工作有了新的转变和创新，乡村振兴立法同样需要注入数字血脉。数字支撑乡村振兴立法的过程中需要以全过程人民民主作为总体理念、以不同的创新路径作为宏观指导。

一、总体理念

关于全过程人民民主重要论述肇始于习近平总书记对立法联系点的评价：2019 年 11 月，习近平总书记到上海市长宁区虹桥街道的全国人大常委会法工委基层立法联系点考察时指出，我们走的是一条中国特色社会主义政治发展道路，人民民主是一种全过程的民主。所有的重大立法决策都是依照程序，经过民主酝酿，通过科学决策、民主决策产生的。2021 年 7 月 1 日，习近平总书记在庆祝中国共产党成立 100 周年大会上再次强调“发展全过程人民民主”，这为中国特色社会主义社会立法工作提供了根本遵循。[①]2021 年 10 月 13 日，习近平总书记在中央人大工作会议上对发展全过程人民民主进行了全面阐释。“一个国家民主不民主，关键在于是不是真正做到了人民当家作主，要看人民有没有投票权，更要看人民有没有广泛参与权……。”[②]

数字支撑乡村振兴的立法路径要坚持“全过程人民民主”这一总体理念，首要任务便是结合习近平总书记相关论述与我国民主政治实践,全面理解“全过程人民民主”的内涵,指导后续的乡村振兴立法工作。

不同于建立在资产阶级私有制基础之上、维护资产阶级利益的西方民主，“全过程人民民主”是对中国式民主形态的全新概括[③]，符合中国国情，彰显中国之治。从字面上看“全过程人民民主”，由“全过程”“人民”和“民主”组合而成,其中“全过程”和“人民”作为“民主”的修饰词，说明了“民主”在当代中国的具体表现形式。[④]

第一，全程性：全过程人民民主的典型特征。[⑤]习近平总书记曾对“全过程”进行阐述，我国全过程人民民主……是全链条、全方位、全覆盖的民主,是最广泛、最真实、最管用的社会主义民主。就全链条而言，立法机关应当在乡村振兴立法项目的立项、起草、审议、论证、评估、监督等各环节广泛听取吸纳各方面意见，全链条体现全过程人民民主。

---

① 习近平:《在庆祝中国共产党成立 100 周年大会上的讲话》，载《人民日报》，2021 年 7 月 2 日。

② 习近平:《在中央人大工作会议上发表重要讲话强调：坚持和完善人民代表大会制度，不断发展全过程人民民主》，载《人民日报》，2021 年 10 月 15 日。

③ 陈亮:《全过程人民民主的逻辑理路、比较优势与实践路径》，载《内蒙古社会科学》，2022 年第 2 期。

④ 刘怡达:《论全过程人民民主的宪法基础》，载《比较法研究》，2022 年第 2 期。

⑤ 李忠:《论全过程人民民主的制度化法律化》，载《西北大学学报（哲学社会科学版）》，2022 年第 1 期。

就全方位而言，上至中央国家机关，下至基层组织，都应将全过程人民民主的理念、原则和要求贯彻到工作各方面各环节。在立法活动中，党委、政府、社会、农民、专家、代表委员等立法“精英”，应让社区、家庭、企业等基层主体各展其长、各抒己见、博采众长。就全覆盖而言，一是人民民主适用于全体人民。凡是年满十八周岁的公民，不分民族、种族、性别、职业、家庭出身、宗教信仰、教育程度、财产状况、居住期限，都有选举权和被选举权。二是人民民主不仅存在于政治领域，而且广泛存在于经济、文化、社会、生态和国防等领域；不仅仅局限于选举与被选举权，还存在于立法、司法等多环节中。在现代国家，公共事务的范围日益扩大，已不局限于政治生活领域。我国公民尤其是农民正在对乡村振兴公共事务、公共决策进行多渠道、全领域参与，尤其是在立法环节。

第二，人民性：全过程人民民主的根本立场。人民性又可以理解为“以人民为中心”，后者贯穿于习近平新时代中国特色社会主义思想的全部内容。全过程人民民主深刻回答了“发展民主为了谁、发展民主依靠谁、民主发展的成果由谁来共享”等问题，充分体现了以人民为中心的发展思想。[①] 虽然现代民主国家无一不宣示人民主权原则，但人民性贯彻落实的差别决定了民主的实现程度。[②] 因此，在乡村振兴立法领域中，要坚持人民性这一根本立场，就需要在立法项目上将国家治理急需的、农民群体迫切要求的法律制度优先纳入立法规划；在立法程序上扩大农民有序参与，充分听取民意；在立法理念上要恪守以民为本、立法为民的理念，贯彻社会主义核心价值观；在立法内容上要反映农民真实意志、解决农民群体的迫切问题。以全程性、人民性为指引，时刻在数字支持乡村振兴立法的路径中贯彻全过程人民民主

① 孙镇、邓建华:《新时代发展全过程人民民主的四重逻辑》，载《湖南行政学院学报》，2022 年第 3 期。
② 刘怡达:《论全过程人民民主的宪法基础》，载《比较法研究》，2022 年第 2 期。

的理念。

二、创新路径

在乡村振兴领域，农民既是乡村振兴的受益者，同时也是改革目标得以实现的主要依靠者、参与者，因此，乡村振兴立法是否真正坚持农民主体地位，是否保障农民的合法权益，是否促进农民的全面发展，直接关系到立法质量的高低与乡村振兴效果的好坏。[①] 有鉴于此，在数字支撑乡村振兴立法中，应当以农民为主体，将尊重和实现农民主体地位、保障农民平等参与及发展的权利作为立法的核心，通过制度创新与完善，运用数字技术和数据，形成充分体现农民需求、提升农民主体地位的乡村振兴立法。

（一）强化数据共享，提升农民获取立法信息的能力

我国宪法和法律已经对立法信息公开作了一定的制度性安排，如《宪法》第 2 条规定，“中华人民共和国的一切权力属于人民。人民行使国家权力的机关是全国人民代表大会和地方各级人民代表大会。人民依照法律规定，通过各种途径和形式，管理国家事务，管理经济和文化事业，管理社会事务。”也就是说，公开获取立法信息是公民的一项正当权利。与此同时，我国宪法也规定“国家机关工作人员有倾听人民群众意见的义务”，即保障公民权利的行使是国家立法机关必须履行的义务。但目前在乡村振兴立法领域，立法信息的公开程度不足，本就欠缺获取立法信息能力的农民并不能有效参与相关立法，也不能充分表达其利益诉求。

立法活动是农民表达意愿、参与国家政治的重要领域之一，促进

[①] 朱智毅:《论乡村振兴立法的功能定位与基本原则》，载《中国农业大学学报（社会科学版）》，2020 年第 2 期。

立法信息公开、提升基层民众获取立法信息能力，对于当前我国乡村振兴立法具有十分重要的意义。立法信息本质上也是一种数据，在信息化、数据化时代实现立法信息的全社会化流动的重要举措就是建立健全数据共享机制。

1. 不同立法环节的数据共享

首先是在立法规划、立项论证中的数据共享。立项是立法工作的源头，更是涉及立法资源如何分配的首要问题。对于每一个立法项目来说，立法资源都是稀缺的、立法时间都是很宝贵的，因此我们要根据立法项目的重要程度依次排序后分配立法资源。而判断立法项目的优先顺序是以充分的民意为基础，是在公开征求人民意见的基础上作出的科学判断。因此,公开立法规划和计划项目并进行广泛的立项论证，是立法数据共享的第一步。

其次是在法案起草过程中的数据共享。法案起草是整个立法工作的基础。目前我国大部分法律和地方性法规起草工作都交由主管的行政部门或专业的第三方起草机构，起草程序往往在政府内部流转，最多可能征求到相关社会团体的意见，而没有向广大人民群众征求起草意见。目前立法草案起草的过程被立法起草说明降格为一种流于形式且僵化的书面展示模式，无法呈现立法的复杂过程[①]，起草说明还可能成为粉饰立法草案未遵循民主立法、科学立法理念的工具。因此，立法数据共享机制应当允许公民、利害关系人和社会团体提前进入立法环节，在立法起草阶段就能获取立法信息并且以适当方式发表意见。

2. 建设立法数据协同共享平台

现阶段存在地方相关数据平台林立的现象，在政务数据领域尤其明显。其积极意义在于在未建成集中统一的应用平台之前起到采集挖掘作用。基于政府的独立性，政务数据的林立显得情有可原，但立法

---

① 张婷:《立法草案说明的功能定位及其制度完善》，载《湖北社会科学》，2020 年第 8 期。

往往具有普适性，应当尽可能地避免地域化，实现立法大数据的协同共享，即以一个集中统一的数据共享平台为载体，汇集各地的立法数据。

作为掌握更多资源和话语权的上级人大及其常委会在建设这一数据共享平台时应当承担起主体责任，如广州市人大常委会耗费 1 年时间成功研发并上线的“广州智慧人大”系统，覆盖了市、区、镇（街）各级人大常委会机关的主要业务领域。建设主体统筹安排相关单位对自身掌握的立法信息的录入账户与数据存储，关联各领域、各部门系统的立法信息数据库并提供链接的应用服务，为基层民众开发可以登录数据共享平台的手机端接口，农民借此可以查询、获取立法各个环节的信息并反馈利益诉求。

（二）加强数据应用能力建设，采用更灵活的意见征求方式

农民要参与乡村振兴立法不仅需要获得立法的相关信息，还要能够便利地表达对立法的意见和建议，因此作为立法机关则应该为农民参与立法提供多种渠道和多种方式，更好地实现农民参与立法的权利，表达自身的利益诉求。然而在传统的立法模式下，立法天然带有的“精英化”“专业化”色彩让农民望而却步，农民的直接意愿与诉求难以被立法者倾听。随着数字技术的日益完善与普及、农民文化素质和法治意识的提高，在大数据技术的应用下，立法有机会成为一项社会化、大众化的工作。农民可以在各项立法，尤其是乡村振兴立法中抒发己见、献计献策。

过去，仅仅依靠立法调研、立法座谈会、实地走访等传统形式征集意见，掣肘于场地、安全、人员身份筛选等因素，立法意见收集渠道较为单一，群众参与立法的广度和深度都十分有限。而互联网、大数据的引入，使得农民参与立法不再受制于时空和身份，形式变得灵

活多样，农民参与立法的广度得以极大提升。[①] 立法者可以通过对以下几个领域有关乡村振兴的数据重点挖掘来获得更精准的立法数据：

第一，基于社交网络服务的立法数据挖掘。如今人们普遍使用的微信、微博等 App 均具有通过 GPS、WLAN、蜂窝网等移动数据获取位置的功能，立法者可以在各类具有获取位置功能的社交平台、专门的农民参与平台或点评类网站上，发起农民参与的话题，公布法律草案，方便并鼓励农民发表意见，使农民更广泛、更方便地参与到地方立法中来，有效地了解并收集农民的意见与诉求。

第二，基于农民评价的立法数据挖掘。除了立法机关主动发布话题引导农民发言外，农民群体也会自发就立法项目发布评价。因此可针对微信、微博等社交平台上的农民评价数据，通过文本挖掘等技术，获取农民对立法活动或法案征求意见的关注度和关注内容，识别不同层次的公民在不同地点和场合的情绪和感受，以此提高立法活动的质量。在法律事件的舆论传播方面，通过关键词抓取，可以清楚地发现事件的传播过程和趋势。

第三，基于农民日常"微"行为活动的立法数据挖掘。人们日常行为往往是带有目的性，通过分析"微"主体、"微"行为形成的成千上万的"微"数据和"微"意见，立法机关在立法察变方面将获得更多的预警能力，提前制定法律法规予以预防。这些"微"行为背后体现了农民的意愿，准确把握农民关注的热点，立法活动可以更多地集中民智和民意，帮助完善立法大数据体系的建设。[②]

（三）推动数字技术嵌入流程，拓宽农民参与立法的渠道

不论是农民获取立法信息还是立法者获取农民的立法意见，这一

① 李翀：《人工智能应用于地方立法的现实困境与应然路径》，载《人大研究》，2022 年第 3 期。
② 曹瀚予、汪全胜：《大数据在地方立法农民参与中的应用》，载《电子政务》，2018 年第 10 期。

双向互动的实现都需要民主互动流程的畅通、信息渠道的宽敞。目前，公众尤其是农民参与立法尚流于形式，这一现象的背后既有立法主体的主观刻意引导，也有立法参与渠道不畅通的客观因素；既有公众（农民）参与度不高的制约，也有参与立法激励的欠缺，多方面的因素造成了民主立法功能异化。[①] 马克思曾主张立法者是自然科学家，要用意识的实在法把生活的内在规律表达出来。在乡村振兴立法过程中，立法者要主动为农民进入民主互动流程提供便利与条件，真实地发现生活规律、有效地表达社会逻辑。

将互联网、大数据、区块链、云计算和人工智能等新兴数字技术嵌入立法过程，有利于强化立法互动流程，使得公众参与、民意表达更加灵活精准和便捷高效，助推了立法主体、内容、过程和方式的有机协调。因此，乡村振兴立法亟需吸纳新技术、新手段和新工具，积极发挥信息技术创新的扩散效应、数字技术释放的普惠效应。

第一，数字技术嵌入互动流程推动立法者理念转型。拓宽农民参与立法的渠道首先需要立法机关树立“开门立法”的意识，主动扩展农民参与立法的途径和平台。而新兴数字技术的强制嵌入与传统立法者理念的不适和冲突容易产生结构性张力，倒逼立法者思维进行转变，最显著的是立法者将从“管理思维”向“服务思维”转变。[②] 在传统立法活动中，立法者以管理模式为主导，立法的目的主要是为了社会治理，维护社会稳定。在数字技术的助推下，一方面，立法者的服务手段不断提高，这为其思维的转变提供了技术支持；另一方面，数字技术倒逼立法者的服务意识不断增强，这是其思维转变的根本。立法者在进行立法活动时遵循“全过程人民民主”的理念，将农民的需求视为供给的重点，在其提供立法活动时及时询问农民的满意程度和建议，随

① 郭晓燕、李拥军：《公众参与立法的功能异化与矫正路径》，载《齐鲁学刊》，2021 年第 2 期。
② 魏成龙、郭诚诚：《赋能与重塑：数字经济时代的政府治理变革》，载《理论学刊》，2021 年第 5 期。

时对立法内容进行改进和处理。

第二，新兴技术嵌入民主互动流程消除结构障碍。新兴数字技术可以通过提升客观外部条件为农民等参与立法赋予力量，主要是指立法者利用各类技术手段消除参与者面临的结构障碍，使他们获得更多资源、信息和资助。[①] 首先，新一代信息技术赋予了参与者强大的能力和力量，这主要体现在以下三个方面：一是数字化技术工具与系统助力立法资源共享与信息流通。例如前文所述农民在不同的立法环节和立法数据平台中获取立法动态和信息。二是立法数据平台助力资源整合，如前文所述立法数据平台整合各类立法信息，在此基础上农民可以毫不费力地获取立法动态。三是数字化产品助力参与效果。例如参与者的意见建议都是以数字化的形式发布，避免传统纸质版的烦琐和低效。其次，大数据、人工智能等新型数字技术在立法领域的嵌入也为立法者精准识别、精细管理、智慧决策提供了可能。尤其是以大数据为代表的数字分析技术可以充分挖掘数据价值，大大提升立法者决策的科学化水平，从而促进立法者自觉、主动地开发和应用数字技术，推动立法结构改善、完善制度流程，为农民参与立法逐步消除结构障碍。

总而言之，新兴数字技术的多向赋能打造了一个线上线下联动、传统现代互补的立法模式，让互联网等新兴数字技术成为立法者同农民交流的新平台，成为了解群众、贴近群众、为群众排忧解难的新途径。[②]

（四）加强数据安全标准，保障农民参与立法的个人权利

数字技术应用到乡村振兴立法所产生的大规模数据是一种重要的国家治理战略资源，在应用的过程中会带来诸多的风险和挑战。一是

① 郑永兰、信莹莹等：《技术赋能公共卫生应急管理的运作逻辑与现实应答——基于新冠肺炎疫情防控实践》，载《山东科技大学学报（社会科学版）》，2022 年第 2 期。

② 黄新华、陈宝玲：《治理困境、数字赋能与制度供给——基层治理数字化转型的现实逻辑》，载《理论学刊》，2022 年第 1 期。

数字技术的国家安全问题。数字技术的芯片、操作系统、数据库等重要领域目前依然以国外科技巨头垄断为主，如果在该研发领域中国没有能够取得完全的自主权，一些技术的核心代码或基础架构被掌握在西方某些国家手中[①]，可能会对中国整体的数字建设带来巨大的威胁。因此在数字赋能乡村振兴立法的过程中要坚持技术自主可控原则，健全安全防护体系[②]，为基层立法调查、征求意见、立法评估、意见反馈等一系列农民参与立法程序构建全过程、多层次的安全防护体系。二是数字技术的隐私保护问题。当农民在参与立法依赖数字技术时，信息的抓取和传输会涉及大量个体的隐私。乡村振兴立法机关在数据信息收集的过程中要对个人隐私进行保护，避免过度收集和滥用，定期对数据进行清理，杜绝侵犯个人隐私等问题，保护农民的个人信息。

农民参与立法的程序主要包括基层立法调查、征求意见、立法听证、意见反馈等，立法者应该在数字技术安全应用的前提下主动探索相关程序的数据管理标准，强化农民参与立法程序保障。其中包括数字技术平台建设标准、数据管理标准、网络配置标准等，更好地保障乡村振兴立法，最大程度地体现和表达民意。通过一系列标准规范体系建设，探索相关制度模式、制度支撑和安全保障提高乡村振兴立法工作的民主性和规范性。[③]

第二节　数字支撑乡村振兴立法的关键面向

《乡村振兴促进法》将产业发展、文化繁荣、生态保护、组织建设和城乡融合作为介于该法“总则”和“扶持措施”之间的重点内容，

---

① 高奇琦:《科技创新驱动政府治理体系建设》，载《中国社会科学报》，2021 年 1 月 15 日。

② 高绍林、张宜云:《人工智能在立法领域的应用与展望》，载《地方立法研究》，2019 年第 1 期。

③ 宋菁菁、王金红:《数字人大建设何以促进全过程人民民主发展：创新路径与前景展望》，载《学术研究》，2022 年第 2 期。

各设一章明确法律要求，为实施乡村振兴战略提供重要的法治基石、法治保障和法治利器。[①] 数字经济背景下的乡村全面振兴特色功能在于农业产业发展，目标图景在于生态宜居、环保示范，根基血脉在于乡风文明，立法灵魂在于特色治理。故而乡村振兴促进立法必须首先着眼于前述农业产业兴旺、乡村生态宜居、乡风文明建设与地方特色治理四个面向在制度层面的规范表达与系统阐释。

一、农业产业兴旺的法治实现

现代农业产业兴旺是农业产业体系、农业生产体系、农业经营体系兴旺的有机统一，其中农业产业体系是实现农业产业兴旺的结构骨架，农业生产体系是实现产业兴旺的动力支撑，农业经营体系是实现产业兴旺的运行保障。[②]2019 年 5 月，中共中央办公厅、国务院办公厅印发《数字乡村发展战略纲要》，提出以“数字乡村”助推乡村振兴，并进一步明确要求“着力发挥信息技术创新的扩散效应、信息和知识的溢出效应、数字技术释放的普惠效应，加快推进农业农村现代化”。

以“数字乡村”建设为依托，发掘数字技术新动能，推动农业产业兴旺发展。农业产业的兴旺可谓是《乡村振兴促进法》中产业兴旺的核心。优先推动农业产业的发展，实现产业兴旺目标，需从以下方面进行制度设计。

（一）以数字技术推动农业产业体系优化

目前，我国农业产业体系存在农业产业结构失衡，农村第一、第二、第三产业融合路径不畅，农业现代科技的技术支撑作用不强等问题。

① 唐仁健:《乡村振兴 法治先行》，载《农村工作通讯》，2021 年第 12 期。
② 周阳敏、桑乾坤:《乡村振兴战略背景下产业兴旺问题研究》，载《河南工业大学学报（社会科学版）》，2018 年第 6 期。

农村产业结构失衡、产业发展的瓶颈主要表现在：第一，随着国内居民消费升级，传统单一、同质化农产品难以满足消费市场对高品质农产品的需求，导致了当前低端农产品产能过剩，但高品质农产品产能短缺的现象。第二，农村第一、第二、第三产业衔接方式单一，农业产业链效益较低。产业融合是实现产业兴旺的主要方式，但就目前农村第一、第二、第三产业融合现状而言，农村第一产业产销之间的产业链不健全；农村第二产业应对市场风险的能力较弱，而农村第三产业先天发育不足，与第一、第二产业的融合度水平较低。在农村第一、第二、第三产业融合过程中，既面临产业链条延伸不够、融合主体的示范效应弱的制约因素，也遭遇现行行政管理体制的障碍。第三，农业现代科技的技术支撑作用不强。在数字技术蓬勃发展与广泛应用的背景下，现代技术运用于农业产业发展的深度、广度还不够。目前国内大部分地区农业产业中技术自主创新能力不强，采用“模仿式”或“转化式”研究甚至重复研究比较多，关键技术成果明显不足。而很多地区也面临着科研人才缺乏、研发资金欠缺、缺乏科技创新意识等问题，导致现代技术难以转化为农业现实生产力的加速器。

随着数字经济的崛起，应通过现代信息技术的市场化应用，推动数字信息的产业化，以数字产业化为手段推动产业融合，为实现产业兴旺提供保障。具体而言，将数字产业与农业、工业和服务业相互融合，形成类似数字产业＋乡村旅游、数字产业＋农业生产、数字产业＋农业加工的新型产业融合，为实现产业兴旺提供更多的保障。将“数字信息”作为新的生产要素与传统生产要素结合为智慧农业构建奠定基础；以“数字信息＋农业产业链”推动智慧农业的发展；以数字产业化为手段推动产业融合为实现产业兴旺提供保障。[①]

从国家层面制定和完善有关产业兴旺的法律法规，使地方在制定

① 王铮、唐小飞：《数字县域建设支撑乡村振兴：逻辑推演和逻辑框架》，载《预测》，2020年第4期。

乡村产业体系发展等政策时有法可依，是推动乡村产业兴旺的重要保障。《乡村振兴促进法》第 3 条明确规定“全面实施乡村振兴战略，落实产业兴旺、生态宜居、乡风文明、治理有效、生活富裕的总要求”，从法律制度层面作出了“产业兴旺”的安排。该法第 12 条规定，各级人民政府应当坚持以农民为主体，以乡村优势特色资源为依托，支持、促进农村第一、第二、第三产业融合发展，推动建设现代农业产业体系、生产体系和经营体系，推进数字乡村建设，培育新产业、新业态、新模式和新型农业经营主体，促进小农户和现代农业发展有机衔接。

从地方立法来看，一些地方从本地乡村发展的实际需要出发，因地制宜，将“农业产业发展与技术创新”写入乡村振兴地方立法中，如《浙江乡村振兴促进条例》中明确规定：“建立创新平台，推进生物种业、智慧农业、设施农业、农业机械、农产品加工、绿色农业投入品等领域创新，推动农业农村创新驱动发展。”浙江省乡村振兴地方立法的先行先试符合国家实施乡村振兴战略、农业产业兴旺的总体要求，通过技术创新尤其是数字技术的应用，进一步推动国家层面的乡村振兴促进法在地方的细化和落地实施。

（二）以数字技术推动农业生产体系智能化

目前我国农业生产体系仍以土地、劳动力与资本等传统要素作为主要生产要素，农业生产体系中前端、中端与后端存在诸多问题。产业前端存在农业生产服务不足的问题，由于小规模生产，致使农民在同农资销售商的对等谈判、金融机构的信贷支持、农业生产先进技术的应用指导方面不占优势，农资供给和金融服务与农民脱节；产业中端则存在供给体系适应性差的问题，由于农业的强自然属性，农民抗风险能力较弱，不具备现代化标准生产与质量监管的条件，产品质量难以符合标准化要求，导致市场所需的优质化、多样化、专用化农产品供给不足，供给总量与结构平衡的不匹配性不断加剧；产业后端则存在销售环节信息不对称的问题，传统农产品流通环节诸多、流通时间长、物流成本高、运输过程中产品损耗大，而在农产品交易市场，农民信息获取不足，在市场中处于弱势地位，农业利润率也相对较低。相较于传统生产要素，数据、信息作为新的生产要素，数据化信息的可复制、可共享、无限增长和供给的特点，突破了土地、劳动力、资本等传统生产要素有限供给的限制。

"互联网+"在农业中的深层使用提高了农业生产中对信息的抓捕能力，获取了精确的农业生产数据，推动农业"精确化"生产，实现农业精准管控，合理调整农业生产布局，保障农业生产高效。[①]《乡村振兴促进法》是关于乡村振兴全局性、系统性的法律保障，农业问题是制约乡村振兴的核心问题，因而农业产业生产的规制内容应在乡村振兴法律体系中具有核心地位。[②]在生产体系上，乡村振兴促进法需强调市场要素的配置，重视革新农业生产力布局。以农业生产体系中端的重要问题——农产品质量为例，充分利用大数据与信息技术，按照"生产可记录、信息可查询、流向可跟踪、质量可追溯"的要求，推动农产品生产往精细化、高端化发展，从而减少低端农产品供给与市场需求不匹配的矛盾。

但由于《乡村振兴促进法》基本法的地位，该法中关于农业生产体系现代化发展的规定主要为框架性的原则，侧重于将国家乡村振兴战略规划转化为法律形式，因而纲领性有余但可操作性不足。因此，一方面仍需进一步明晰、细化农业生产体系在乡村振兴促进法中的具体内容，另一方面需总结地方经验，结合乡村的实际状况，出台地方乡村振兴促进条例，对区域性农业生产体系现代化特殊问题作出回应。

① 秦秋霞、郭红东等:《乡村振兴中的数字赋能及实现途径》,载《江苏大学学报（社会科学版）》,2021 年第 5 期。
② 郑泽宇、陈德敏:《乡村振兴的立法考量——基本法与促进法的视角》，载《广西社会科学》，2020 年第 8 期。

比如,《湖北省乡村振兴促进条例(送审稿)》作出了“江汉平原重点发展特色农业、鄂东地区重点发展现代农业、鄂西地区重点发展生态农业”的规定。

(三)以数字技术推动农业经营体系高效化

现代农业经营体系不健全,当农产品生产出来后,农产品的加工、销售本应是实现农产品增值最大的阶段,但由于农产品存在销售渠道狭窄的问题,农产品经过层层流通环节后,增值部分的收益由经销售与零售商获取,而生产该产品的农民获得增值的收益反而大大减少。因此,《乡村振兴促进法》以及党中央关于乡村发展的战略规划中明确指出,国家支持涉农企业以股份合作方式与农民建立紧密型利益联结机制,使农业发展全产业链增值收益惠及三农。国家鼓励运用数字化技术手段进行转型,解决传统农资市场中存在的信息障碍、流通环节不顺畅的问题,提升农民在农业产业链中的话语权,增强农民在产业链中的利益分配能力,并支持以农业企业为引导、新型职业农民为经营主体,利用互联网、云计算等现代技术,对农业经营全过程进行智能化建设。

尽管《乡村振兴促进法》给农业经营体系的发展提供了较好的制度保障,但当前农业和农村的现实图景则是:新型经营者主体素质偏低,合作组织性不够,承受农业经营风险能力仍然较弱;相关产权制度不完善,新型经营主体的合法权益缺乏制度保障。此外,与农业经营体系相配套的财政税收、融资等政策体系有待进一步完善。因此,需要运用数字技术实现对财政、税收和融资政策的精准施策,为农业经营体系提供有力的法治保障,提升产业发展效能。

二、乡村环境保护的数字法治保障

《中华人民共和国国民经济和社会发展第十四个五年规划和2035年远景目标纲要》明确要求“优化生产生活生态空间，持续改善村容村貌和人居环境，建设美丽宜居乡村”，并就“强化乡村建设的规划引领”“提升乡村基础设施和公共服务水平”“改善农村人居环境”进行了专门部署。《乡村振兴促进法》以专条的形式将我国这些专门部署进行了具体的规定，如该法第6条强调“国家建立健全城乡融合发展的体制机制和政策体系，推动形成工农互促、城乡互补、协调发展、共同繁荣的新型工农城乡关系”。

生态宜居是《乡村振兴促进法》的重要要求。然而，在我国现有的整个生态环境治理中，对乡村的环境保护和污染治理相对薄弱。乡村振兴正在面临土壤污染、水源污染、生活垃圾污染，以及城镇工业污染等生态环境恶化带来的严峻挑战。从根本上解决乡村生态环境问题，要求在法律制度构建上有效回应乡村振兴的“生态宜居”要求，建立健全乡村环境法律制度。[1]

《乡村振兴促进法》第39条规定：“农产品生产经营者不得使用国家禁用的农药、兽药或者其他有毒有害物质，不得违反农产业质量安全标准和国家有关规定超剂量、超范围使用农药、兽药、肥料、饲料添加剂等农业投入品”，这对农产品生产经营者的行为具有重要的规范作用。生态兴则乡村兴，环境优则主体优，在《乡村振兴促进法》的统筹规划下，乡村振兴地方立法应贯彻保护乡村环境的精神和内涵。

随着环境管理体制的优化调整，地方政府对乡村环境的治理有着更大的主动性和积极性，面对广袤的乡村环境空间，数字技术对地方政府主导的乡村环境保护立法工作具有得天独厚的辅助优势。

---

[1] 李新平、胡燕、卢晓莉：《乡村振兴法律制度保障体系构建研究》，载《农村经济》，2021年第3期。

（一）数字技术助力环境信息收集精确化

“山水田林湖草”等自然资源是农业天然的基础，也是乡村振兴战略和生态文明语境下的重要调整对象。温铁军教授曾在其《从农业 1.0 到农业 4.0：生态转型与农业可持续》一书中建议对“山水田林湖草”等自然资源做整全立体开发，将平面资源利用转变为空间资源立体整全开发，这一设想的实现离不开对“山水田林湖草”基本信息的掌握。基于遥感技术、无人机等数字技术，可以较为方便、快捷地收集“山水林田湖草”信息，形成某一区域内整体的自然资源信息图谱。以湖南省某县正在进行的全国耕地调查为例，调查人员首先基于卫星识别并形成的稻田地图划分区域进行调查，除人工走访外，还利用无人机对荒废、偏远的田地进行勘测、拍照，随后将照片上传至某手机 App，将耕地信息存储至该 App 内，后续组合成该区域的整体耕地信息。

（二）数字技术推动乡村环境治理智能化

固定的乡村环境转化为可传输的数字信息后，环境治理和环境保护有了更强有力的数据支持，在这一基础上的乡村环境治理也愈发智能化。

一是乡村环境监测智能化。依托无人机、无人潜水机、土壤探测无人机等数字技术，对大气、水域、土壤等环境污染信息进行静态或动态检测。无人机最大的优势在于可以到达危险、恶劣的环境中，进入狭小空间、封闭水体等环境中进行采样和分析，超越传统监测的极限。例如，中国科学院开展的无人机大气立体监测系统实验，实验人员运用无人机进行空气和颗粒物采样，填补了大气环境监测的盲区。[1]除了对环境污染的监测外，数字技术还可以在农村人居环境建设中，

[1] 张文博、周冯琦:《人工智能背景下的环境治理变革及应对策略分析》，载《社会科学》，2019 年第 7 期。

对乡村厕所革命、乡村垃圾分类等项目进行远程监管，优化乡村环境基础设施。根据统计，截至2020年底，全国农村卫生厕所普及率超过68%，生活垃圾进行收运处理的行政村比例超过90%，农村面貌整体上焕然一新。农村人居环境问题虽面上形势整体清晰，但点上情况把握还不够精准。为避免资源的重复和浪费，应进行农村人居环境建设数字化监管，点面结合发力，创新人居环境建设治理思路和方式。

二是乡村环境治理决策智能化。数字技术可以对乡村环境信息数据进行建模分析，找到乡村环境的薄弱之处，并且还可以对制定的不同决策方案进行量化分析，辅助环境治理主体进行决策。具体表现在复杂系统模拟和预测方面。例如，目前已经广泛应用的大气污染和气象变化模拟系统，能够对大气污染的扩散机制、潜在的自然灾害等进行分析和预警，为环境管理者制定管制方案，为自然灾害紧急预案提供模型支持。

（三）数字平台促进乡村环境建设主体多元化

乡村的环境生态建设是一项大工程，多方参与治理才能永续发展。不同主体具有不同的治理优势，村民具有治理的直接性和大众性；地方政府和基层自治组织具有治理的权威性和领导力；社会组织、市场经济主体相较而言具有资金优势，但没有一个互联互通的平台，各方主体难以构建协商合作、风险共担、利益共享的伙伴关系。如农民为了实现短时间的经济效益，大量使用农药化肥，或竭泽而渔，或杀鸡取卵。市场主体为了获取最大效益，往往盲目进行农业生产或投资，造成某一类农产品的市场高饱和，其他类型农产品的极端缺乏。政府单方面推进农村环境保护，未发动广大农民群体，费时费力费财且效果不佳。

与乡村环境建设相关涉的主体尚未向着同一个目标发力，但数字时代下搭建的环境信息平台将有效提高乡村环境治理主体的组织性。在公开透明的环境信息平台中，政府定期发布的环境信息、治理收益将传递至农民和社会主体。与此同时农民可以借助大数据获取机会与资源，在环境信息平台上及时反馈环境问题、获取治理收益，提升其环境自主治理能力与生态自觉维护意识。[①]社会组织和市场经济主体可以在该平台中获取政府最新发布的有关乡村环境治理政策、动态，在政府有形之手的引导下参与乡村环境治理。充分发挥政府主体掌握乡村环境信息和数据的优势，搭建环境信息平台后可提高村民治理环境的积极性，引导社会组织、市场经济主体的行为，形成治理共同体和治理合力，共同促进农村环境治理效能的提升。

乡村环境信息的收集、乡村环境的治理和乡村环境的建设主体及其环保理念都将为乡村环境保护的地方立法工作发挥无比重要的基础作用，为乡村环境保护的地方立法增添地方特色。

三、乡风文明建设的数字法治引领

乡村振兴既要物质塑形更要文化铸魂。乡村振兴战略背景下的乡村文化复兴旨在实现一种乡土文明价值重构。习近平总书记一再强调，农村是我国传统文明的发源地，乡土文化的根不能断。乡村文化复兴对于乡村振兴和中华民族伟大复兴的意义不是单一的经济价值所能衡量的，它对于深刻理解中华文明、提升社会文明程度的价值难以尽述，是坚定中国特色社会主义文化自信的基石之一。[②]新时代乡村振兴地方立法必须重视乡村文化、强化价值构建，为乡村振兴提供源源不竭的文化驱动力。

---

① 马岩、姚丹、牛凯:《技术赋能语境下乡村生态环境有效治理的策略选择》，载《经济研究导刊》，2022年第16期。

② 范玉刚:《乡村文化复兴与乡土文明价值重构》，载《深圳大学学报(人文社会科学版)》，2019年第6期。

（一）数字技术拓宽乡村文化空间

传播是保持文化生命力的基本保证，一种文化只有被广泛传播，才能够在交互运用中保持创新性和延续性。[①] 乡村社会中的文化场景由实体空间和虚拟空间构成，前者表现为现实生活中村民之间构成的实体空间，后者是指数字信息时代背景下的虚拟网络空间。[②] 乡村文化在实体空间的传播是有限的，但随着数字乡村构建，乡村文化在虚拟空间的传播可以有效地拓宽实体空间传播范围，从而使得乡村文化在传播中得以复兴。

以数字经济强省——浙江为例，为了让文化礼堂及礼堂文化“飞入寻常百姓家”，地方政府充分发挥网络媒体在信息传播与交流中的作用，建立起相应的门户网站——网上文化礼堂。将农村特色文化成果、地域特产带入群众的视野中。[③] 立足于数字技术，将乡村文化内容采用多样化和沉浸式的展览方式，丰富乡村居民参加文化活动的体验感，贴近居民生活和消费，将数字文化产业新业态在乡村实现集聚。同时，农民作为文化市场的主体，在满足其文化消费需求后，也可以在数字技术下从消费者转变为生产者，在社交媒体平台上进行相关的文化创作和传播，借农民自身创作能力发展乡村文化经济。从文化需求侧来看，优化乡村非物质文化遗产的展示方式，在文化活动参与性和互动性上发挥数字技术优势，改善用户体验，深化线上和线下游客对乡村优秀传统文化的认知，促进乡村文化更好的传播。[④] 各地可以在乡村振兴立法的过程中，借鉴浙江省的数字乡村建设经验，将数字技术运用到乡村文化建设，尤其是在乡村文化的传播与继承环节。

---

① 杨华、范岳、杜天欣：《乡村文化的优势内核、发展困境与振兴策略》，载《西北农林科技大学学报（社会科学版）》，2022 年第 3 期。

② 周锦：《数字文化产业赋能乡村振兴战略的机理和路径》，载《农村经济》，2021 年第 11 期。

③ 叶利、丁贤勇：《新时代浙江农村文化礼堂数字化发展探析》，载《观察与思考》，2018 年第 12 期。

④ 周锦：《数字文化产业赋能乡村振兴战略的机理和路径》，载《农村经济》，2021 年第 11 期。

（二）以数字技术培育农村居民的乡村文化意识

作为乡村社会主体的农民无疑是乡村文化的传承者和守护者，在乡村社会的长期发展中，农民创造了乡村文化和乡村秩序，同时也是这种文化和秩序的受益者。然而在城市化、现代化的冲击下，农民对乡村文化没有形成统一认知，同时也丧失了主观上的认同。[①] 因此，再造乡村文明，首要任务是唤醒农民文化自觉，增强文化自信，提升文化认同，确保文化主体性。为推动乡村文化自信的构建，乡村振兴地方立法须强化农民的文化主体性。一是保障乡村文化的经济基础。“仓廪实而知礼节，衣食足而知荣辱”，目前正因为城乡收入的差距，农村青壮年群体大量流入城市，乡村文化的主体——农民——长期缺位。所以乡村文化的振兴必须再造乡村的生产价值，留住农民。这一目标的实现离不开前文所述的农业产业兴旺的立法与实施。二是改善农村教育条件。针对儿童，利用微课、慕课或翻转课堂，开设乡村文化课程，培养儿童对乡村文化的认同；针对成人，利用农闲时节，开设乡村文化兴趣班，提高农民的文化程度和思想道德水平，引导其参与乡村文化建设。三是完善人才体系。一方面政府要积极引导专业人才协助乡土文化与现代文化体系对接，培养乡村人才，形成结构合理的人才梯队；另一方面积极培育乡村内生型文化人才，创造植根于农村社会的新文化内容和表达形式。

（三）以数字技术为载体强化乡村文化遗产的利用和保护

具有鲜明地域和民族特征的农业文化遗产（乡土建筑、文化习俗、非物质文化遗产等）是民族文化的宝库和活化石，也是传承农耕文化

① 钟曼丽、杨宝强:《再造与重构：基于乡村价值与农民主体性的乡村振兴》，载《西北农林科技大学学报（社会科学版）》，2021 年第 6 期。

的载体。[①] 随着城镇化和现代化的推进，人们的审美日趋同化，无视传统村落中蕴含的历史信息和文化景观，甚至将之视为落后、贫穷的象征，并予以摧毁。2019 年，我国城市化率达 60.6%，自然村落数量大幅减少，不少学者担忧传统乡村文化走向衰落甚至消亡。乡村文化的建设离不开文化载体，载体的修复有利于乡村文化的复兴。首先，在制度层面，我国目前以出台法律法规的形式对乡村文化遗产予以保护，例如《文物保护法》《历史文化名城名镇名村保护条例》《非物质文化遗产法》等。但总体来说保护体系不健全、存在多头管理的制度困境。[②] 因此，地方立法应根据本地区乡村文化遗产的实际情况，在遵循国家法律条文的基础上尽快制定地方性文化遗产保护法规。以文化遗产大省山西为例，2019 年底山西出台《山西省传统村落传统院落传统建筑保护条例》，该条例构建起山西全省的乡村文化遗产保护体系，具有针对性和特殊性。其次，在数量层面，要对乡村文化遗产进行系统普查，利用数字技术健全乡村文化遗产数据库，制定科学系统的保护和利用规划，确保在现有基准上乡村文化遗产不再消亡。最后，在质量层面，综合考量当地自然地理条件、人文精神和文化传统等因素，对乡村文化遗产进行适度开发与利用。立足于乡村农业遗迹、历史文物等，特别是那些具有厚重历史和文化底蕴的古镇村落、传统建筑，合理建设特色博物馆、展览馆，提升乡村振兴的文化品格与气质。依托乡村名人历史、非物质文化遗产、传统手工艺、民俗礼仪等，打造乡村特色文化产业，促进乡村文化与乡村旅游、休闲农业等的融合发展，增加乡村产业的文化附加值。[③]

---

① 龙文军、张莹等：《乡村文化振兴的现实解释与路径选择》，载《农业经济问题》，2019 年第 12 期。

② 刘建成、肖林芝：《乡村振兴视域下乡村文化遗产保护的困境与路径》，载《乡村论丛》，2022 年第 1 期。

③ 李蕊：《乡村振兴地方立法的逻辑进路》，载《地方立法研究》，2022 年第 1 期。

（四）以数字技术拓展农村公共文化服务

2018年9月，中共中央国务院印发《乡村振兴战略规划(2018—2022年)》明确规定“推动城乡公共文化服务体系融合发展，增加优秀乡村文化产品和服务供给，活跃繁荣农村文化市场，为广大农民提供高质量的精神营养”。[①] 自乡村振兴战略实施以来，各级政府高度重视，乡村公共文化服务体系建设、公共文化产品供给取得了阶段性成果，但随着农村基层对公共文化服务需求的新变化，政府作为农村公共文化供给主体与农村公共文化服务的需求主体——农民之间，存在着供需脱节的现象，这不仅降低了村民参与乡村文化建设的积极性，更阻滞了村民精神文化生活的丰富和乡村文化的繁荣发展。“作为具有智识的法律创制者，需要先行考察了解其立法服务的对象是否愿意并适合接受哪些法律，而后才着手予以制订。”[②] 乡村振兴地方立法对农村文化供给制度的构建，必须坚持以人民为中心的发展思想，着眼于农村居民的现实需求，深入了解农村居民文化需求，将乡村独特文化特征蕴含于乡村公共文化建设中，增强农村公共文化服务供给的针对性和有效性。在乡村公共文化建设的过程中，政府应探索符合农民主体性需求的公共文化资源供给模式，努力完善引导和扶持辅助机制，让农村居民自主选择决定，鼓励农村居民充分利用互联网、微信等新媒体渠道亲身参与充分表达诉求[③]，在提供公共文化服务前充分了解民意、提供过程中及时采纳合理意见、提供后定期收集了解服务效果。

四、乡村振兴地方立法的特色彰显

地方立法是对特色治理经验的规范阐述与表达，是对地方特殊问

① 刘红:《乡村振兴背景下农村公共文化服务体系建设研究》，载《社会科学战线》，2022年第3期。
② [法] 卢梭:《社会契约论》，何兆武译，商务印书馆2008年版，第70页。
③ 李蕊:《乡村振兴地方立法的逻辑进路》，载《地方立法研究》，2022年第1期。

题的理性关注与解决。发挥地方特殊优势、解决地方特殊矛盾，是地方立法的灵魂，也是其蓬勃生命力之所在。习近平总书记也曾就地方立法专门指出，“地方立法要有地方特色，需要几条就定几条，能用三五条解决问题就不要搞‘鸿编巨制’，关键是吃透党中央精神，从地方实际出发，解决突出问题”。[①]

第一，找准地方特色问题。各地区发展的不均衡、不同步是我国社会发展面临的突出问题，这一显著国情决定了各地乡村振兴立法所面临的现实矛盾和问题是不同的。不同地区的立法者要基于本地经济基础、社会风貌和区域状况选择差异化的立法逻辑和立法表达。例如，2020 年北京市居住在乡村的人口只占全市常住人口的 12.5%，其农业增加值仅占全市地区生产总值的 0.4%，但是其郊区面积却占全市总面积的 93%，总体呈现“大城市小农业，大京郊小城区”的特征。故而，北京的乡村振兴地方立法就必须从这一特异化的市情农情出发，强化以城带乡、城乡一体，坚持“大城市带动大京郊，大京郊服务大城市”，以城乡融合发展的具有首都特点的乡村振兴之路为主线，通过制度创新推动城乡资源要素自由流动，公共资源合理配置，构建和谐共生的城乡关系，进而在城乡融合发展中实现乡村全面振兴。[②]

东北黑土地是全球仅存的“三大黑土带”之一，是中国最大的商品粮基地，多年来在保障国家粮食安全中具有“压舱石”的重要作用。但自 20 世纪 80 年代以来，工业化与城镇化进程加快，当地政府及农户长期以“重用轻养”的掠夺式开发利用、单一的种植制度使得黑土层土壤有机质含量降低、蓄水保墒能力下降、土层日益贫瘠，严重制约了东北黑土区粮食增产潜力。[③] 因此，东北黑土区的乡村振兴地方立

① 习近平：《坚定不移走中古特色社会主义法治道路为全面建设社会主义现代化国家提供有力法治保障》，载《求是》，2021 年第 5 期。

② 李蕊：《乡村振兴地方立法的逻辑进路》，载《地方立法研究》，2022 年第 1 期。

③ 王桂霞、杨义风：《当代中国农村耕地资源保护的实践探索与策略优化——以黑土地保护为中心兼及其他》，载《河北学刊》，2021 年第 6 期。

法就必须贯彻国家粮食安全战略，从保护耕地资源为出发点，扭转黑土区生态环境日益恶化的趋势，提高本地区粮食安全保障能力，担起维护国家粮食安全的重担。

第二，地区优势再认识及精准立法。地方立法在内容上应当立足地方实际，以本地方生产力为依托，反映地方经济社会发展需求，增强地方立法的回应性。[①]《乡村振兴战略规划 (2018—2022 年)》根据不同的发展现状、区位条件、资源禀赋等，将农村分为集聚提升类、城郊融合类、特色保护类、搬迁撤并类。不同类型的农村有着不同优势，对其进行振兴及立法保障亦须采取不同对策。

其一，城市近郊区农村具有距离优势，及由此衍生出的成本优势、地租优势、资源集聚优势等，推动该类型农村发展，应发展对时间、经济成本敏感度比较高的产业，做好对城市溢出资源的承接和利用，找准定位、精准切入。[②] 如上文所提及的北京城郊地区具有得天独厚的距离优势，走“大城市带动大京郊，大京郊服务大城市”的乡村振兴之路。因此，北京的乡村振兴地方立法的重点在于突出城乡优势互补作用，重点深化城乡功能融合、城乡要素融合、城乡服务融合和城乡产业融合，进一步完善城乡基本性制度安排，着力破除各种阻碍城乡融合发展的制度瓶颈，以形成工农互促、城乡互补、协调发展、共同繁荣的城乡深层次融合发展格局。相应地，基于京津冀协同发展的规划，承接非首都功能疏解优质项目的河北省、天津市，其乡村振兴地方立法需要关注与北京地区乡村振兴战略实施以及地方立法的统合协同衔接，统合考量发展第一、第二、第三产业。

其二，特色资源分布区农村具有其特色资源，及由此衍生出的全产业链收益优势、范围经济优势和更多附加值收益优势，推动该类型

① 石佑启:《论地方特色：地方立法的永恒主题》，载《学术研究》，2017 年第 9 期。

② 赵玉民、崔耀文:《乡村振兴背景下不同类型农村地区优势的再认识及精准施策研究》，载《农经济济》，2020 年第 8 期。

农村振兴，地方立法应侧重于鼓励将特色资源做精、做细、做强、做大，并做好产业配套和产业链延伸。[①] 特色资源优势包括自然资源优势、人文资源优势。以自然资源优势为例，吉林省的黑土地既是其特色问题也是其特色自然资源优势。在吉林省乡村振兴地方立法中尤其强调加大黑土地保护力度，“完善黑土地保护奖补措施，持续提升黑土地质量”，将“黑土地保护纳入政府绩效考核体系和领导干部离任审计制度”，以保护本地区黑土地这一特色资源优势。以人文资源优势为例，浙江作为全国数字经济的先行地，是数字人才的聚集地和数字文化的发源地，其数字乡村建设也一直走在全国前列。为有效促进数字技术与本地乡村振兴的深度融合发展，依托数字化改革推进农村持续深化改革创新，浙江乡村振兴地方立法设立了“数字乡村”专章，明确细化了“推进农村新型数字基础设施建设”“支持智慧农业发展”“培育乡村电子商务”。[②]

其三，平原区农村具有规模经济优势、人力资源优势，乡村振兴地方立法应把握这些优势，规范土地的利用和保护，鼓励农地经营权向新型农业经营主体流转，催生区域主导或龙头产业。[③]

我国有东北平原、华北平原、长江中下游平原、成都平原等，平原约占我国国土总面积的 12%。首先，在土地基础上，平原地区农村土地较为平坦、广阔，耕地集中、连片，土地通常较为肥沃，易于整理、规划，有利于推行规模化、机械化和集约化生产。但目前平原地区的土地细碎化问题仍然严重，以江苏省为例，平原面积占比高达 83.02%，但 2021 年调研数据显示，块均耕地面积 2 亩以下的农户占被调研农户总数的 78.5%，块均耕地面积超 8 亩的农户为 14 户，仅占调

① 赵玉民、崔耀文：《乡村振兴背景下不同类型农村地区优势的再认识及精准施策研究》，载《农经济济》，2020 年第 8 期。
② 李蕊：《乡村振兴地方立法的逻辑进路》，载《地方立法研究》，2022 年第 1 期。
③ 赵玉民、崔耀文：《乡村振兴背景下不同类型农村地区优势的再认识及精准施策研究》，载《农经济济》，2020 年第 8 期。

研农户总数的7%。[①] 针对江苏省等其他平原地区农村土地集约利用过程中面临的主要问题，建议地方立法聚集土地集约核心问题，全力推进农村集体土地确权工作、结合当地流转实际完善农村土地流转相关制度，发挥平原地区土地优势。其次，在劳动力方面，平原地区拥有大量经验丰富的农户，利用机械化提高土地生产效率后释放的劳动力可引导至其他相关产业中，出台相关措施扶持被释放的农村劳动力获得就业或创业的机会。争取让村户“进厂不进城、离土不离乡”，在本地从事农产品加工业、农机配件销售或维修业、农村旅游业等，着力培育新型农村经营主体，并大力引导相关产业向规模化、专业化方向发展，力争催生出区域主导或龙头产业。

总之，实现乡村的伟大振兴，应因地制宜，扬长避短，充分挖掘利用不同类型农村地区的优势资源，并依托此优势，精准立法。

第三节　数字赋能促进乡村振兴立法的具体应用

把握好数字支撑促进乡村振兴立法的关键面向的同时，还应以立法流程为线索，优化立法前民意整理和方案选择、立法中征求意见、立法风险和立法后评估等一系列立法的核心环节，加强具体应用场景开发，全面推进上述创新路径落地。

一、立法前乡情民意智能整理分析

乡情民意是指乡村社会的基本情况和农民的意见、愿望。一般而言，乡情包含着民意，民意是极为重要的乡情，在特定时空条件下，乡情很大程度上能体现出民意。当前，随着数字技术的发展与普及，立法

① 易爱军、薛智铭等:《乡村振兴战略背景下江苏农村土地集约利用问题研究》，载《江苏海洋大学学报(人文社会科学版)》，2021年第5期。

活动中早已发展了多种新式的民意表达途径和乡情收集方式，如网络、大众传媒、遥感技术等。但是具体到立法议题时，乡情民意仍呈现出多元化、分散化、易变性等特征，其症结在于未充分整理和分析收集到的乡情民意，其中所蕴含的关键信息未得到充分显现。总而言之，没有整理、分析与乡村振兴相关的乡情民意，则无法为立法工作指明方向,也无法形成“民意产生—立法草案—征求意见”的完整循环体系。

首先，利用“互联网 + 乡情民意”、大数据统计和分析等技术对乡情民意信息工作进行归纳和分类，包括信息来源、文本偏好等环节，科学地分析乡情民意信息势，实现乡情民意价值的最大化。其次，运用爬虫框架技术，将从互联网、移动互联网等各种乡情民意数据源中，运用数据 API（应用程序编程接口），筛选、清洗出对立法有用的信息，辅助立法工作者进行定量、定性判断。只有建立在“定量”基础上“定性”，才可能合理，才能更具合理性和说服力，才能真正让农民信服。[①] 最后，以实际效果为“抓手”，将收集到的乡情民意转化为实际的立法内容，真正做到下情上用。如此，既可以使农民群体深切地感受到乡村振兴立法对其意愿和诉求的重视及认同，又可以激发和保持农民群体不断提供新情况、新问题的热情。总之，建立健全大数据体系用以整理、分析有关乡村振兴立法的乡情民意，以数据、数字技术分析乡情民意态势分布并进行立法预测，让群众充分信任乡村振兴立法工作。

[①] 高绍林、张宜云:《人工智能在立法领域的应用与展望》，载《地方立法研究》，2019 年第 1 期。

［典型案例］

绍兴市人大常委会建设“智汇民意”应用系统

“智汇民意”应用系统打通“一府一委两院”的数据接口，整合了政务服务、行政执法、民生保障、群众投诉、网络舆情、矛盾调解、司法案件和代表建议 8 大类民情数据，形成民情数据资源库。同时绍兴人大谋划建设县乡应用平台，将全市 6 个区、县（市），101 个乡镇（街道）的民情数据实现跨区域综合汇集和交互流转。“智汇民意”应用系统设立了民情热词、调查问卷、一键报告等功能模块，打造可视化动态社情监测平台，通过多色管理编制民情数据图谱，构建民情信息热力图、趋势图，实时动态了解民情趋势；搭建人工智能算法，对民情民意信息进行智能分析，识别信息发生的领域、区域、人群以及信息热点、社会关注点和舆论风险点，并通过大数据分析，预判预研发展趋势，形成综合性、领域性、单项性等多类型民情分析报告，找出人民群众期盼的共同呼声、热点呼声和难点呼声，为人大代表和人大常委会机关履职提供辅助。

（资料来源：绍兴市人民政府网。）

二、立法方案辅助优化选择

立法方案关系到一国范围内资源的分配以及权利和义务的配置问题，因此，往往由集体决策作出，试图突破个人认知的局限和时间、成本的限制。但立法是一个极具主观色彩的活动，不同个体往往基于各自的偏好、信念和利益提出关于该立法的不同方案，最后在多种方案间进行权衡，进而选出一个最优方案。这就出现了在立法的过程中存在多个方案如何优选的问题。同时传统立法方案往往是个体基于对所需信息的掌握而提出，在信息大爆炸的时代，立法者的有限理性制约着其获取、处理信息的能力和水平，可以说在诸多方案中进行选择只是“实际上是选择现有条件下的方案，而未必是选择实际上的最优方案”。[①]简而言之，在信息大爆炸的时代，基于立法者的主观判断和有限理性导致立法方案难以成为最优解。

大数据技术运用多元数据融合与对比技术，对乡村振兴立法所可能产生的各种影响因素进行预测、评估，譬如立法前结构性信息、地方性信息、社会习惯信息、国内外规则信息、公民的守法意识信息等，设定各种影响因素对立法方案的加分值或减分值，将待选的立法方案按分值高低排序，供立法者在多方案中优选立法成本最小、社会效益最高、最符合党和人民群众意愿的法律法规方案。

需要说明的是，大数据技术对立法方案的作用只能是辅助性的。立法方案的优选是价值衡量的过程，大数据技术只是对社会实际情况的分析以及对社会信息的整合来提高立法效率和立法质量，即使国外有关科技公司对立法结果预测的准确性高达94%，有关立法方案的选择仍需要立法者依据社会共识和道德规范等标准作出抉择。立法工作者的经验与大数据技术的有机结合，为乡村振兴立法提供高效、精准、科学，民心所向、基层所盼的解决方案。[②]

① 周旺生：《立法学教程》，北京大学出版社2006年版，第471页。
② 高绍林、张宜云：《人工智能在立法领域的应用与展望》，载《地方立法研究》，2019年第1期。

[典型案例]

北大法宝“行政立法智能化信息平台”辅助行政立法方案优化

北大法宝“行政立法智能化信息平台”是以北大法宝法律信息资源为基础，结合自然语言处理、机器学习、数据可视化等核心技术构建的一款智能辅助行政立法的信息化平台。利用“立法知识 + 智能应用 + 业务流程”的模式，构建行政立法基础知识、规范业务流程、提供智能应用辅助，为立法者的科学决策、价值平衡提供最大程度的知识、流程、智能支持。目前北大法宝行政立法智能化信息平台用户包括多家省级人大、市级人大、省级司法厅等单位。

（资料来源：北大法宝官网。）

三、立法征求意见快速智能化处理

当前立法征求意见以座谈会、听证会为代表的线下参与渠道和以互联网为载体的线上参与渠道——法律草案征求意见系统双向推进。在乡村振兴立法过程中，无论是草案的立项准备、起草环节，还是审查、审议阶段，按照民主立法、科学立法的要求，通常都要将立法计划（规划）草案、法规草案通过一定的方式征求意见[①]，因此所收集到的意见体量显然是巨大的，既有传统的口头语言、纸质文字，也有可以数字化的电子数据、视频、音频等内容。立法征求意见的数量也与社会关联程度和专业难度息息相关，立法 / 修订草案与公民利益关联度越高，公民参与度越高，征求到的意见越多。以财税改革领域为例，《中华人

① 李高协:《地方立法征求意见工作研究》，载《人大研究》，2013 年第 4 期。

民共和国个人所得税法修正案（草案）》在一个月时限内征集到 13 万条意见，显著高于同期其他法律草案征集到的意见数量。再以社会生活的百科全书《民法典》为例，其编纂过程中共收到 42.5 万人提出的 102 万余条意见。立法 / 修订草案越专业，公民参与度越低，征求意见越少。如网络安全、电子商务、基础设施建设、教育发展、能源管理、科技创新等需要专业知识作为话语表达的领域，征求意见条数皆低于六千条。[①]

显然，乡村振兴立法与社会大众尤其是农民关联度较高，且专业程度中等，对于农民而言表达门槛可能更低。可以预见，乡村振兴立法在征求意见的过程中，所得到的意见数量是海量的。对如此海量的意见进行收集整理，过滤无效意见、去除重复意见，十分耗时耗力。而处理海量信息恰恰是数字技术的优势，依托语义理解、文本自动处理和深度学习，数字技术能够对收集到的数据进行过滤[②]，按照关联性、适用性、逻辑性的要求，为乡村振兴立法者提供比较清晰的参考意见。[③]

首先，应当设置科学的大数据采集系统。不管是线上采集还是线下采集都设置相同的意见征求模板，方便后续的统一分析。模板主要内容包括：（1）意见提供者在方便的情况下提供自身的年龄、行业等信息；（2）对具体条款存在的意见建议。当然，为了避免挫伤意见提供者的积极性和侵犯其信息安全权利，应当在显明的位置标注哪些信息的提供是非必要的，并且其安全权利受到相关法律的保护。

其次，构建对采集到的大数据进行分析的系统。在分析系统中设置关键词，统计和整理出征求意见中提及最多、最有争议的条款，以及对这些条款的不同意见的数据资料，并对最具有典型意义的意见进

① 张欣：《我国立法电子参与有效性的提升——基于公众参与法律草案征求意见（2005-2016 年）的实证研究》，载《法商研究》，2018 年第 2 期。

② 李翀：《人工智能应用于地方立法的现实困境与应然路径》，载《人大研究》，2022 年第 3 期。

③ 蒲晓磊：《用人工智能辅助地方立法》，载《法制日报》，2018 年 1 月 23 日。

行查阅和分析。

最后，完善对采集意见的反馈系统。美国公共政策学家斯蒂芬·巴拉等为代表的实证研究表明，对某一法律草案多次征求意见时其评论数量增长显著，即前一次参与会对后一次参与形成热度传递，产生规模递增效应。①不仅如此，对采集的意见进行及时有效的反馈也会激发公众的参与热情，从而对下一次的参与产生积极的影响。因此，相关立法机关应当根据最终确定的立法文件，对相关立法意见按照大数据分析整理出来的类型进行回复，并由相关信息化系统通过输入回复内容对特定的多元参与主体进行及时的意见反馈。②

四、立法社会风险评估和立法后评估

立法社会风险评估是从重大决策等领域延伸到地方立法领域的。③立法社会风险评估是科学立法的重要方法，也是法律的正当性和有效性的重要来源，同时也是对立法可接受性问题的重要回答。④但对于立法社会风险评估与立法前评估、立法后评估的关系问题仍未解释清晰。从《国家发展改革委关于印发〈国家发展改革委重大固定资产投资项目社会稳定风险评估暂行办法〉的通知》关于重大决策（或项目）中社会稳定风险评估内容所囊括的“项目建设实施的合法性、合理性、可行性、可控性”等内容来看，社会稳定风险评估与《立法法》第39条⑤具有部分内容上的重合。由此可知，社会风险评估主要是发生在立法前、立法中，与对立法后的实施效果进行分析评价评估构成全程式、

① 张欣:《我国立法电子参与有效性的提升——基于公众参与法律草案征求意见（2005—2016年）的实证研究》，载《法商研究》，2018年第2期。

② 郑勇、蒋文玉等:《行政立法中多元主体参与的信息化路径》，载《中国司法》，2021年第5期。

③ 许志华:《论地方立法中的社会稳定风险评估》，载《理论界》，2019年第12期。

④ 何跃军:《论立法的风险评估》，载《人大研究》，2010年第11期。

⑤ “拟提请常务委员会会议审议通过的法律案，在法律委员会提出审议结果报告前，常务委员会工作机构可以对法律草案中主要制度规范的可行性、法律出台时机、法律实施的社会效果和可能出现的问题等进行评估。”

多方位的评估模式。

目前的立法前、立法中和立法后评估基本上延续的是典型调查、抽样调查、群众座谈、专家评议的传统方式。[①] 这些方式在大数据背景下存在评估主体单一、数据收集遗漏失真等方面的问题。如果充分运用数字技术，扩充评估主体、改革评估信息收集处理方式，可以完善乡村振兴立法的立法前、立法中、立法后评估制度。

1. 构建多元化评估主体制度

我国现行的立法评估主体主要是国家机关或内部评估机构，是典型的“内部评估”。内部评估主体固然在信息获取、经费保障、结论采纳等方面有着得天独厚的优势，但内部评估存在着难以消除的部门利益、监督不足的问题，难以保证立法评估的客观公正。针对内部评估主体的缺陷，要构建多元化的立法评估主体，包括完善内部评估主体、拓展“利益相关者模式”、培植第三方评估主体以及扩大农民参与评估。在地方立法实践中的确经常会采用实地调查、专家打分、公开听证、第三方评估以及与利益相关者协商等方式，但这些模式尚需继续完善。但也有观点认为，这些模式未充分运用数字技术，因此尚依赖于行政管理或缺乏独立性。多元化评估主体制度具有其自身合理性并已成为当下完善立法评估的共识[②]，如何解决利益相关者和农民、第三方评估在乡村振兴立法评估过程中分散性、不确定性、独立性不足等问题，成为亟待解决的问题。互联网的发展、数字时代的到来为解决这一系列问题提供了新思路和新技术。

对于对立法评估感兴趣的利益相关者而言，可以在大数据技术引入立法评估后灵活多样的在公开场合或软件中发表相关意见，其意见可以及时地被大数据平台收集、分析，与此同时，分散在全国各地的

① 高绍林、张宜云:《人工智能在立法领域的应用与展望》，载《地方立法研究》，2019 年第 1 期。
② 曹瀚予:《论新时期地方立法评估的科学化》，载《理论导刊》，2019 年第 2 期。

评估信息将聚集在一个平台，打破传统参与模式限制，从而更好地把握民意、汲取民智。而对于构建独立的第三方评估模式来说，难以获取评估数据是第三方立法评估制度首要面临的问题。第三方评估机构用于评估的信息大多来源于国家立法机关或行政机关，在评估的过程中可能存在立法起草者与执行者不愿公开一些信息，这势必会影响评估结果的有效性与客观性。2015 年 9 月，国务院印发的《促进大数据发展行动纲要》指出，要在 2020 年前逐步实现信用、交通、医疗、卫生等民生保障服务相关领域的政府数据集向社会开放。前文所提及的立法机关数据共享机制的建立健全将推动立法机关信息的对外开放。因此，有关于立法数据的全面开放，对立法评估的第三方评估来说有较好的促进。

2. 改革评估信息收集处理方式

数据收集是评估的前提和基础，可以说立法评估的整个过程就是收集数据、处理数据的过程。传统的评估信息以纸质文件予以收集、保存并进行之后的处理分析，这一系列环节不仅耗费大量的人力、物力和时间，最终还可能会出现“数据失真”“数据遗漏”“数据偏差”等致命问题。大数据技术本身以数据资源为优势，只要在运用的时候发挥其挖掘和分析数据的功能便可以有效解决上述人工收集的问题。大数据技术可以同时结合线上和线下的数据资源，整合不同部门、人群、利益群体之间的半结构化、非结构化数据。如此一来收集到的数据类型不仅仅局限于传统的文本，还有大量的发布于社交平台上的社会热点、立法观点类的音频、视频、超链接以及图片等传统人力评估难以统计的信息。由此构建覆盖全社会的信息网络系统，最大程度地避免数据的遗漏、失真，以确保评估结果的真实性和全面性。大数据技术处理海量数据的速度也是传统立法评估分析所不能匹及的。在海量的数据面前，大数据技术的“1 秒定律”[①] 将大量提升立法评估的效率。此外前面所收集的非文本类信息难以由人工分析，除非投入大量的人力、时间，而大数据的文本和多媒体挖掘、语音挖掘、图像识别以及空间数据挖掘技术，可以将采集到的多类型数据自动分类、常识校对，从而进行准确的分析。

[①] 一秒定律又被称为秒级定律，指的是对处理速度有要求，一般要在秒级时间给出准确的分析结果。也正是这个速度才区分出大数据挖掘技术和传统的数据挖掘技术的不同。

第三章
数字支撑乡村行政

数字技术的快速发展与广泛应用，全方位加速经济社会的进步与转型，对于国家行政权力行使与社会治理而言，亦将产生多方位、持续而深远的影响。在运用以云计算、人工智能和大数据等新兴技术推进乡村振兴的过程中，数字技术对于提效乡村执法、助力多元治理、优化公共服务具有突出而重要的意义。

第一节　数字提效乡村执法

乡村执法作为国家行政执法体制的末梢，是国家治理体系与治理能力的重要组成部分，其运行实效直接影响和制约着乡村治理的能力水平和治理成效。2019 年，党的十九届四中全会作出《中共中央关于坚持和完善中国特色社会主义制度 推进国家治理体系和治理能力现代化若干重大问题的决定》明确指出，“建立健全运用互联网、大数据、人工智能等技术手段进行行政管理的制度规则”。可见，如何加快数字政府建设、完善行政管理的制度规则成为中国法治改革理论与实践的重大议题。2020 年，中央全面依法治国委员会印发的《关于加强法治乡村建设的意见》进一步指出，“全面深化农村基层行政执法体制改革……为法治乡村建设提供信息化、智能化支撑。”

在我国进行的任何改革，应当充分认识到中国经济社会发展尤其是城乡之间经济社会发展不平衡的现实背景。一方面，我国城市化建设正如火如荼，其中数字技术对于提升治理效能和水平发挥了极为重要的作用，各地数字政府建设正加快推进，如通过 V-Tax 进行远程跨境办税的空间跨越、政务云办理不动产登记的时间缩减，运用电子警察助力科技治超的人力节省，建设一体化数字应用平台实现城市管理智能化等。另一方面，对于发展极不平衡的乡村，数字乡村和数字化治理仍然任重道远。乡村执法的数字化改革目前尚处于愿景规划阶段。清晰认识这一现实基础，才能在数字政府建设浪潮中针对性地推动乡村法治建设进程。总体而言，当前数字提效乡村执法应注重在以下两个方面：

其一，增强乡村执法的权力供给。2019 年中共中央办公厅、国务院办公厅印发了《关于推进基层整合审批服务执法力量的实施意见》(以下简称“两办执法权下沉意见”)，提出要从“综合设置基层审批服务机构”“积极推进基层综合行政执法改革”“整合基层网格管理和指挥平台”“大力推动资源服务管理下沉”“优化上级机关对基层的领导方式”五个方面，着力实现行政执法权向乡镇一级下沉。按照行政效能原则，乡村执法中能通过数字技术提升执法实效，前提是具有相应的执法权限，行政执法权向乡村下沉从而实现“强村扩权”是需要首先予以解决的制度问题。

其二，数字技术提升乡村执法效能、规范执法过程。《数字乡村发展行动计划(2022—2025 年)》重点强调了一些监管领域以数字赋能乡村执法。譬如在农业监管方面提出“推动建成全国农田建设数字化监管平台，完善自然资源调查监测、国土空间规划、永久基本农田等数据库,建设自然资源三维立体‘一张图’”;在公共安全监管方面提出“高质量建成涵盖所有县、乡、村的公共安全视频图像应用体系，进一步加大农村地区公共安全视频图像应用系统建设。引导各级各类社会化视频图像接入公共安全视频图像信息共享交换平台，积极推动视频图像资源与网格中社会治理基础数据有效融合、开放共享”。

一、乡村执法权力供给不足

在改革开放四十多年历程中，工业化与城镇化程度快速提升的同时，加剧了城乡之间在经济体量、经济结构、人口规模、人口素质、基础设施、公共资源等诸多方面的差距，形成了城乡发展不平衡的二元结构。在国家法律与政策层面，整体的权力和资源配置总体上也呈现出向城镇倾斜的特征。

（一）数字乡村执法权力供给的现状

从乡村执法的权力来源来看，需要综合组织法、行为法和管理领域三个方面的规范来判断，具体而言：

其一，组织法规范。《地方各级人民代表大会和地方各级人民政府组织法》第 76 条规定了乡政府的职责包括：“(1) 执行本级人民代表大会的决议和上级国家行政机关的决定和命令，发布决定和命令；(2) 执行本行政区域内的经济和社会发展计划、预算，管理本行政区域内的经济、教育、科学、文化、卫生、体育事业和生态环境保护、财政、民政、社会保障、公安、司法行政、人口与计划生育等行政工作；(3) 保护社会主义的全民所有的财产和劳动群众集体所有的财产，保护公民私人所有的合法财产，维护社会秩序，保障公民的人身权利、民主权利和其他权利；(4) 保护各种经济组织的合法权益；(5) 铸牢中华民族共同体意识，促进各民族广泛交往交流交融，保障少数民族的合法权利和利益，保障少数民族保持或者改革自己的风俗习惯的自由；（6）保障宪法和法律赋予妇女的男女平等、同工同酬和婚姻自由等各项权利；（7）办理上级人民政府交办的其他事项。”从该条规定来看，第（1）款与第（7）款规定乡镇政府对本级人大和上级机关的决定负有执行义务，第（2）款对乡镇政府在各个管理领域的职责进行列举后加“等”进行概括，这意味着乡镇政府在管理领域及事项上负有的职责是一种较为宽泛的设定。

其二，行为法规范。行政机关对具体的管理领域实施执法活动，除了需要具有上述组织法上的职责依据外，还需得到行为法上的授权，才能符合依法行政原则。这同时也就意味着，如果仅在组织法上承担管理职责，而在行为法上欠缺相应执法手段，则将导致职权与职责相脱节，进而无法发挥应有的管理效能。具体而言，如若乡镇政府在法律上欠缺行政许可、行政处罚、行政强制等行政机关“工具箱”中最频繁实施的执法手段，乡镇政府将面临“有责无权”的尴尬处境。问题在于，作为行为法三部曲的《行政许可法》《行政处罚法》《行政强制法》，恰恰是在整体上将相应执法手段授权给县级以上政府工作部门。例如依照《行政处罚法》第23条的规定，“行政处罚由县级以上地方人民政府具有行政处罚权的行政机关管辖。法律、行政法规另有规定的，从其规定。”因此，我国乡镇政府的执法权存在非常明显的组织法与行为法脱节的问题。

其三，管理领域规范。在组织法与行为法之外，管理领域规范构成了第三类设定行政机关执法权的法律依据。如《环境保护法》《城乡规划法》等，由于按照《立法法》等相关规范，行政规章无权在无上位法依据的情况下，增设权力或者缩减职责，因而在具体管理领域设定乡镇政府执法权的规范范围限于法律、行政法规和地方性法规。问题在于，从上述三类规范的实际情况来看，绝大多数管理领域规范由部门起草，较大程度上反映或体现部门利益，而形成所谓的“部门立法”，例如依照《环境保护法》第10条第（1）款规定，县级以上地方人民政府环保主管部门是该法实施工作的主管部门。而《环境保护法》的这种规定是管理领域规范当中的普遍情形。而诸如《城乡规划法》赋予乡镇政府在乡村规划建设管理过程中的行政强制权，则属于管理领域规范中较少的例外情形。

总之，由于乡镇政府在设立之初的基本功能被设定为沟通、协调及服务，寓管理于服务，执法反而并非基层政府的主要职能。因此，虽然组织法上赋予乡镇政府极为广泛的管理职责，但在行为法上，乡镇政府普遍欠缺行政许可、行政处罚、行政强制等执法手段，即便在管理领域规范中还存在对乡镇政府特别授权的空间，但实然的法律法规仍然将绝大多数的执法权授予了县级以上人民政府工作部门，乡村执法权力不足的问题十分突出。①

（二）数字化背景下执法权向乡村下沉的进路

为有效化解乡村执法权力供给不足的制度问题，整体上存在“短期”与“长期”两种不同的进路。

1. 执法权向乡村下沉的“短期”方案

执法权向乡村下沉的“短期”方案是指在现行立法不做重大调整的情况下，在已有制度框架内进行局部调整，从而实现乡镇政府的执法扩权。具体而言，可以有以下几种做法：

（1）委托乡镇政府实施执法活动。乡镇政府能够依照法律、法规、规章的规定，获得上级机关委托的行政执法权限，但应当以委托机关的名义实施执法活动，所产生的法律效果作用于作出委托的行政机关。例如，《行政处罚法》与《行政许可法》中允许行政机关根据执法实践

① 叶必丰：《执法权下沉到底的法律回应》，载《法学评论》，2021年第3期。

的具体需要，委托乡镇政府实施行政处罚或行政许可等具体行政行为。又如，《森林法》中规定乡镇政府可以接受县级人民政府工作部门的委托，对采伐许可证进行审核与发放通知。通过县级人民政府及其工作部门的行政委托，属地就近的乡镇政府能够更加及时地发现违法事实，并快速、高效作出回应，在一定程度上化解“管得着的看不见”和“看得见的管不着”的执法难题。数字技术条件下，留存、存证以及数字化形态更易客观验证，使得委托执法的合理、合法和高效成为可能。

（2）经批准的乡村综合执法。根据《行政处罚法》《行政许可法》《行政强制法》等相关规定，乡村可以采用综合执法的方式实施相应监管活动。例如《行政处罚法》第 18 条第（2）款规定，“国务院或者省、自治区、直辖市人民政府可以决定一个行政机关行使有关行政机关的行政处罚权。”又如《行政许可法》第 25 条规定，“经国务院批准，省、自治区、直辖市人民政府根据精简、统一、效能的原则，可以决定一个行政机关行使有关行政机关的行政许可权。”再如《行政强制法》第 17 条第（2）款规定，“依据《中华人民共和国行政处罚法》的规定行使相对集中行政处罚权的行政机关，可以实施法律、法规规定的与行政处罚权有关的行政强制措施。”具体来说，经批准的乡村综合执法主要表现为两种情形，一种是区县综合执法机构向乡村派驻综合执法队伍；另一种是由乡镇政府直接成立综合执法机构。总体而言，乡村综合执法亦在一定程度上化解了执法职能分散、执法力量不足的问题。

（3）执法召集制的工作机制。执法召集制的改革探索是北京市进行基层执法机制创新的一大创举。通过“街乡召集—部门回应”的模式，将执法需求与权责主体进行精准对接，实现基层行政执法在纵向上的层级联动和横向跨部门的协同。这种工作机制的创新绕开了困扰乡镇政府普遍存在的执法主体资格问题，通过赋予街道或乡镇政府执法召集权，即一种包括执法启动权、组织权、协调权、监督权、考核建议权等在内的一组权力集合，实现在县一级政府工作部门分散的执法权在街乡召集权发动后的整合。北京市这种基层执法创新模式得到了中央全面深化改革委员会的高度肯定，街道或乡镇政府在发现问题后向享有执法权的部门发出“吹哨”信号，约定执法的时间与地点，各执法部门及时“报到”，如果执法部门不及时“报到”、执法不力或协同不到位，街道或乡镇政府可以通过反向考核权对其进行监督问责，通过一种联动的工作方式来化解基层政府执法权受限的难题。

[延伸阅读]

创新“吹哨报到”“接诉即办”机制完善超大城市基层社会治理工作体系

2018年以来，北京市委深入贯彻党的十九大和十九届二中、三中、四中全会精神，坚持以人民为中心的发展思想和到基层解决问题的鲜明导向，大力推进党建引领“街乡吹哨、部门报到”改革，并在2019年进一步深化为“接诉即办”机制，同时，着力优化完善街道乡镇机构职能体系，推进治理重心和资源力量下沉，提升了基层治理能力，提高了群众的获得感。

一、“吹哨报到”“接诉即办”基本情况

“吹哨报到”的改革举措，始于北京市平谷区在综合执法领域的探索。为有效治理盗采矿砂，平谷区建立了乡镇街道提供线索、区里各执法部门30分钟内赶到现场综合执法的机制，困扰基层多年的盗采问题得到了有效解决。2018年初，北京市将这一探索提升为党建引领“街乡吹哨、部门报到”改革（以下简称“吹哨报到”），并在全市推广实行。主要做法是：以党的建设为统领，将党建和治理相结合，发挥党组织在基层治理中的引领作用，形成统筹协调的工作合力；建立“吹哨报到”机制，针对基层治理中需要市区相关部门协同联动的事项，由街道乡镇提出工作需求、发出集结号令（即：吹哨），相关部门迅速响应，到基层一线解决实际问题（即：报到）。这一改革举措，将党的建设贯穿于基层社会治理的全过程各方面，将党的政治优势、组织优势转化为基层治理效能，进一步强化和提升了各部门倾听基层诉求、到一线解决问题的意识和能力，提高了基层治理能力和为民服务水平。

2019年，在总结“吹哨报到”经验成效的基础上，紧扣人民群众美好生活的“七有”需求和“五性”要求，开始实行“接诉即办”群众诉求快速响应新机制。主要做法是：合并68个服务窗口热线，推出12345新市民热线，市民诉求由市政务服务局直接向333个街道乡镇派单，街道、社区完成对接服务，重点难点问题由街道乡镇“吹哨”、相关部门“报到”予以研究解决；每天生成大数据民情分析，早上送到市、区领导案头；每月进行工作点评、市委书记亲自主持召开月度点评会。实践中，又进一步提出了“未诉先办”，抓住共性事项，研究一类问题，解决一片矛盾。一年来，共接听来电661.7万多个，办理实事239.8万件，接到表扬电话1.5万多个，群众满意率达到80%。

二、巩固创新成果，优化基层机构职能体系

坚持把优化基层管理体制、完善机构职能体系作为支撑，通过优化机构设置职能配置，统筹用好机构编制资源，不断巩固和深化“吹哨报到”“接诉即办”成果，构建简约高效便民的基层治理体系。

（一）建立清单制度

编制职责清单。围绕抓党建、抓治理、抓服务，强化街道党工委领导本地区工作和基层社会治理的职能，编制出台了包括党群工作、平安建设、城市管理、社区建设、民生保障、综合保障6大职能板块、111项职责任务的《街道职责清单》。在此基础上，聚焦乡镇党委、政府的职能定位和农业农村管理的职能特点，编制形成129项职责任务的《乡镇职责清单》。清单突出加强党的领导这一根本原则，聚焦基层主责主业，理顺“条块”职责关系，使街道乡镇“吹哨”有据可依，相关部门“报到”有章可循。

编制赋权清单。结合基层工作实际，综合考虑市、区、街乡三级执法权限和执法机构情况，建立健全三级联动的执法体系，落实街道、乡镇执法主体地位。在推动权力下放的同时，逐步健全完善基层执法所需的制度规范、保障措施，建立执法协调机制、信息共享机制，充实基层执法力量，确保权力“放得下、接得住、管得好”。一是规范赋权事项。主要包含四个方面执法事项：直接面对市民、村民、社区、村庄的执法事项；在道路、街面、广场等公共空间开展的执法事项；违法行为易于确定，执法程序简便易行的执法事项；街道乡镇开展日常管理服务工作所需要的执法事项。二是突出问题导向。聚焦社会焦点、百姓痛点、基层难点，拟将环境卫生、扬尘治理、违建查处、河道管理等方面的400余项执法权赋予街道、乡镇。其中，城管综合执法方面下放390余项执法权；专业执法方面，选取水务、卫生健康、生态环境等部门一些发生频次较高且专业需求不高，与街乡其他执法工作联系紧密的30余项执法权下放。通过稳妥下放执法权，实现“看得见、管得着”。

（二）优化组织结构

综合设置内设机构。针对街道乡镇机构设置过多、分工过细、办事效率不高等问题，街道内设机构从20多个综合设置为“6室”：综合办公室、党群工作、平安建设、城市管理、社区建设、民生保障部，编制规模较小的街道进一步综合设置。乡镇将内设机构从平均11个整合为6—8个，每个内设机构行政编制原则上不少于4名，编制规模较小的乡镇进一步综合设置。机构职能从“向上对口”转为“向下对应”，更加贴近群众需求，运行更加扁平高效。

组建综合执法机构。在城管执法队基础上，整合相关领域执法资源和力量，组建街道、乡镇综合执法队，作为街道、乡镇管理的行政执法机构，根据赋权清单确定的执法权限，以街道、乡镇名义开展执法。同时，加强综合执法平台建设，由街道、乡镇统一指挥协调辖区内的各类行政执法机构和执法力量，统一组织开展辖区内综合行政执法活动，形成工作合力。

综合设置事业单位。街道事业单位设置不超过3个，乡镇事业单位设置不超过5个。街道一般设置党建活动类、治理平台类、服务窗口类等3个功能型事业单位，乡镇结合自身特点再多设置1—2个特色事业单位，编制规模较小的街道、乡镇进一步综合设置，每个事业单位的编制原则上不少于6名。

规范派驻机构管理。除公安、消防、市场监管等派驻机构外，区直部门设在街道、乡镇的机构原则上实行属地管理，进一步增强街道乡镇统筹协调和指挥调度的能力。

（三）统筹使用资源

充实基层编制。尽可能把资源、服务、管理放到基层。结合市场监管分级管理改革要求，对区市场监管局机关、执法队、基层所人员编制结构提出比例要求，街道乡镇市场监管所共增加编制650名左右。结合区级机构改革及重点领域改革，同步推动人员编制下沉。截至目前，共有1592名编制充实到街道乡镇，其中，市级633名、区级959名，进一步增强了基层工作力量。

规范领导职数。实行大部制后，内设机构主要负责人由街道乡镇党政领导班子副职兼任，内设机构副职原则上设1名。根据基层事务特点，创新领导职数管理方式，区级机构编制部门为街道、乡镇核定行政编制和科级领导职数，只核定总量，不再核定到具体的内设机构，各街道、乡镇可根据工作需要在内设机构之间进行调整，扩大街道、乡镇的自主权。

统筹协管员管理。规范管理各类协管员队伍，鼓励街道、乡镇按照职能整合各类协管员，综合设岗、分类管理、统筹使用。各类协管员队伍实行“限额管理、一岗多责”，数量随基层管理体制改革逐步减少。注重与网格化服务管理体系有机结合，推动协管员与网格员融合，并逐步下沉到网格。

（资料来源：北京机构编制网，http://www.bjbb.gov.cn/jcgltzcx/20200413/32837.html。）

2. 执法权向乡村下沉的“长期”方案

考虑到大规模修改法律法规往往需要等待漫长的周期，地方执法改革实践便习惯于从已有制度空间内寻求“缝隙”，因此有了上述执法权向乡村下沉的三种“短期”方案，这不失为一种灵活轻便的应对策略。然而，局部的调整不能替代规范化、体系性和有保障的乡村执法权的重新配置，无法从根本上解决乡村执法权力供给不足的问题。具体而言，上述“短期”方案存在以下几个方面的不足：

（1）接受委托的乡镇政府往往缺乏承接能力。虽然委托执法能够解决乡镇政府执法资格问题，但由于乡镇政府缺乏执法力量或执法队伍缺乏专业性的执法能力，导致难以承接上级委托的执法权。即便是通过社会招聘方式选录辅助的执法人员，这些人也往往缺乏从事执法的职业资格。在委托者与受委托者分离的情况下，乡镇政府工作人员多次往返于上级部门办理报批或备案，程序性事务不少，难免疲于奔命。在这个意义而言，通过执法权委托让乡镇政府得以扩权的方式也可能因同步的配套制度或者资源的不匹配，难以达到提升行政效能的实际效果。

（2）向乡村派驻综合执法机构难以实现部门协同。由于派驻式执法是由县级工作部门将部门执法人员下放到乡村，该执法队伍仍以原部门的名义实施执法活动，在人、财、物等方面依然归口原部门主管，乡镇政府对派驻机构缺乏监督和制约能力，难以调动派驻机构与人员的执法积极性。特别是，考虑到我国乡村发展极不平衡，尤其是西部乡村偏僻且地广人稀，派驻式下沉存在较大困难。乡村执法需求主体与权责主体的派驻机构之间存在难以协调的尴尬境地。

（3）乡村综合执法权限不清和针对性不强。一方面，一些乡镇政府经批准成立综合执法队伍后，没有梳理其与县级工作部门之间的执法权限，仍然存在多头执法等执法冲突问题；另一方面，乡村综合执法整合的执法权限可能与乡村实际的生产生活需求联系紧密度不高，参与度不强，导致综合执法的效果不明显。尤其是当原本归属于县级工作部门的一些专业性难度较高的职责，一旦通过执法权下沉归于乡村，无疑将在较大程度上加大乡村执法难度和执法压力。

为了更进一步实现“乡村扩权”的目标，虽然2019年的“两办执法权下沉意见”已经指出“由省级政府统一制定赋权清单，依法明确乡镇和街道执法主体地位”。然而，由于省级人民政府仅有权制定地方政府规章，而整体的“乡村扩权”需要打破当前法律、法规、规章关于执法权由县级以上工作部门行使的基本设定，为了避免行政法律体系的内部冲突，这一改革任务必须通过全国人大常委会进行系统的法律修改方能完成。具体而言：

（1）修法确认乡镇政府执法主体资格。由于行政执法权全面向乡村下沉属于执法权配置的结构性变迁，因而必须首先从组织法中寻求解决之道。

（2）确保市县机关与乡镇政府之间的事权分割。除市县机关与乡政府之间的共同事权外，县级机关的事权下沉到乡镇政府之后，县级机关不再行使该部分的执法权，由乡镇政府以自己的名义实施执法活动，避免同一事项上发生多头执法或权力冲突的问题。并且，在事权分割的前提下，按照行政公开原则的要求公布县级机关与乡镇政府各自的权责清单。

（3）确保配套的要素权力的综合下沉。在明确乡镇政府的事权范围后，应当将涉及该事权而原本由县级机关行使的行政许可权、行政处罚权、行政强制权等一并交由乡镇政府行使。并且，通过同步修改其他单行法律法规，保障执法权向乡村移转的同时，相应的机构、人员、财权和物资等一并移转。做到“权随事转、人随事转、钱随事转”，保证基层权力给基层、基层事情基层办、基层事情有人办。

［典型案例］

以大数据建设引领综合执法改革的“北京实践”

党的十九届四中全会强调，加快推进市域社会治理现代化，市域社会治理现代化成为当前推进社会治理现代化的切入点和突破口。市域治理在国家治理体系中处于承上启下的关键地位，具有统筹基层社会治理、破除九龙治水困局的政府能力，意义重大。综合执法改革及其大数据平台建设是市域社会治理现代化的重要抓手。北京市强化顶层设计、创新基层治理，以大数据建设引领综合执法改革，通过构建橄榄型现代城市治理结构，破解条块分割痼疾，激活市场社会各方力量参与城市共建、共治、共享，实现“以人民为中心”的发展，是推进市域社会治理现代化的重要探索。

市域社会治理的治理单位主要以设区的城市为载体，强调市级层面的“主导者”角色定位，突出“以城区为重点”的空间治理取向并进一步统筹全市域城乡治理空间。党的十八大以来，按照中央部署，通过推进“多规合一”及“综合执法”改革，在条块分割的市域治理结构中逐步构建了综合规划决策和综合执法监察“两个综合”，带动了条块资源的整合和社会力量的激活，形塑了面向市域综合治理的从综合规划决策到社会化专业运行服务管理、到综合执法监察“两头收敛、激活中间”的橄榄型现代城市治理结构，逐步形成了面向法治、精治、共治的橄榄型城市治理模式，又称橄榄型城市管理模式。橄榄型城市治理模式基于物联网、云计算、大数据、区块链等新一代信息技术的应用，强化“综合规划决策”和“综合执法监察”两个综合的牵引，以及面向创新 2.0 的众创共治生态营造，将有力推动城市规划、城市建设、城市运行管理一体，城市决策、执行、监督协力，政府、市场、社会共治的市域治理新局面。

依托大数据平台建设，牵引综合执法改革，支撑基层成为治理枢纽。按照中共中央、国务院《关于深入推进城市执法体制改革改进城市管理工作的指导意见》要求，结合“将制定政策、审查审批等职能与监督检查、实施处罚等职能相对分开”的综合执法改革精神，北京市推动了城市管理综合执法体制改革，由城管执法部门牵头，逐步落实推动城市管理领域跨部门执法职能综合、机构整合、力量融合，实现街乡层面由联合执法向综合执法的转变的要求，研究解决制约城市管理综合执法的体制、机制、法制问题。

2019年1月，中共中央办公厅、国务院办公厅印发了《关于推进基层整合审批服务执法力量的实施意见》(中办发〔2019〕5号，下称“中办发〔2019〕5号文”)，并发出通知，要求各地区各部门结合实际认真贯彻落实。中办发〔2019〕5号文对综合设置基层审批服务机构、积极推进基层综合行政执法改革、整合基层网格管理和指挥平台、大力推动资源服务管理下沉、优化上级机关对基层的领导方式等方面工作提出了具体实施意见。

2019年2月，北京市正式印发《关于加强新时代街道工作的意见》。意见明确了街道作为执法主体，可以直接开展执法工作，推进行政执法权限和力量向基层延伸，进一步构建简约高效的基层管理体制。

为支撑综合执法改革工作，2019年6月3日，北京市大数据工作推进小组正式印发《北京市城市管理综合执法大数据平台建设方案》(京大数据发〔2019〕4号)，强调以大数据应用推动联合执法向综合执法转变。党的十九届四中全会要求，加快推进市域社会治理现代化，推动社会治理和服务重心向基层下移，深化行政执法体制改革，进一步整合行政执法队伍，继续探索实行跨领域跨部门综合执法。中共北京市委在《贯彻〈中共中央关于坚持和完善中国特色社会主义制度 推进国家治理体系和治理能力现代化若干重大问题的决定〉的实施意见》中要求，要深化行政执法体制改革，进一步整合行政执法队伍，推动执法力量、执法资源向基层一线倾斜，加强综合执法大数据平台等建设工作。

2020年1月1日，《北京市街道办事处条例》正式施行，党建引领“街乡吹哨、部门报到”、“接诉即办”机制、综合行政执法三项内容作为重要举措被纳入条例，并要求建立一体化的信息系统和综合指挥平台，支撑街道办事处综合行政执法、组织协调联合执法等工作。伴随“执法下沉”，必将导致“监察上移”，市、区城管综合执法监察部门将在综合协调、综合监管方面发挥更大作用，综合施策，确保各类基层治理与城市问题得到有效解决。建设市区街道一体化的城市管理综合执法大数据平台，将重塑和再造综合执法流程，通过执法监察一体化架构强化城市管理综合执法监察队伍的综合执法、综合协调、综合监管三大职能，在“吹哨报到”基层治理力量整合、“接诉即办”群众诉求汇聚基础上，进一步优化整合政府和社会各方巡查监察力量，充分整合社会监督力量，构建专兼结合、政府和社会协同的巡查监察体系，以城市问题和市民需求为导向，反溯整个城市公共服务的生产与管理过程，不断强化监督、规范执法、部门协同、纵向联动、综合施策、依法治理，实现对日常勤务、巡查监管、执法办案、协调联动等工作全过程、全方位、全要素地实时采录、实时上传、实时监测、实时研判、实时调度、实时考评，实现“到人、到点、到事”，推动联合执法向综合执法转变、部门监管向综合监管转变、执法联动向综合协调转变，全力支撑行政执法权限和力量向基层延伸和下沉、基层一支队伍管执法、“吹哨报到”基层治理创新和“接诉即办”工作机制等方面工作的落地落实。

2020年4月16日，北京市人民政府根据中办发〔2019〕5号文件要求，为深化党建引领“街乡吹哨、部门报到”改革，推进行政执法权限向基层延伸，依据《中华人民共和国行政处罚法》《中华人民共和国行政强制法》《北京市街道办事处条例》等相关法律法规规定，发布了《北京市人民政府关于向街道办事处和乡镇人民政府下放部分行政执法职权并实行综合执法的决定》，共下放431项行政职权，涉及城管执法、水务、卫生健康、生态环境和农业农村五大领域。

（资料来源：以大数据建设引领综合执法改革，创新橄榄型城市治理模式，形成市域社会治理现代化的“北京实践”，http://zw.cgj.beijing.gov.cn/wiki/viewEdition.aspx?id=8102&t=2。）

二、乡村执法资源不足

从整体上来看，越是基层越是面临复杂的执法情形，与此同时，越往基层越是面临人员、资金等资源严重短缺的问题，执法需求与执法供给呈现严重的“倒三角”结构。譬如，因执法资源的严重不足，乡村地区一直以来存在地广车多警力少、路差事杂意识薄的交通执法问题。据统计，全国农村机动车交通事故占各类交通事故的80%以上，农村道路交通安全管理的短板已成为影响农村居民幸福感、安全感的突出问题。

（一）乡村执法资源不足的现状

一般来看，乡村执法力量严重不足的问题主要反映在管理区域、执法人员、执法经费、执法设备等方面，具体而言：

第一，从管理区域来看，乡村地区相比城镇地区往往经济发展水平落后，居住人口在分布上更为分散，地广人稀是常态，同时乡村的基础设施普遍落后，执法常常面对交通不便等问题。

第二，从执法人员来看，乡村地区相比城镇地区存在更为严重的人员编制不足的问题，执法人员主要依靠兼职人员，职位不确定、一人多职的情况并不鲜见。即便有少数专职人员，也往往年龄偏大，执法人员的专业能力与执法素质偏低，具有执法资质同时具有专业素养的人员则更为稀少。

第三，从执法经费来看，执法经费欠缺往往成为乡镇执法力度受限的主要原因。在收入减少，财政紧张的情况下，乡镇政府仅仅在维系部门工作运转和工作人员工资等日常支出上早已捉襟见肘，用于满足行政执法活动开展的经费更是无力顾及。

第四，从执法设备来看，乡镇政府在财政紧张的条件下，办公环境简陋，执法人员在电脑配备、宽带安装等方面均难以实现，更遑论实现行政系统内的执法信息联网。尤其在专业性较强的执法事项上，乡镇政府由于缺乏对应的专业设备，执法人员只能凭借经验和观察作出处理，执法效率低下，执法结果的准确度存疑。

第五，从执法效率来看，乡村执法力量不足极大制约了执法效率的提升。在执法力量不足的情况下，执法频次与执法范围受到限制，难以避免存在大量的“执法盲区”。例如，在对违法破坏耕地行为的查处上，由于耕地广泛分布在人口稀疏的区域，虽然卫星遥感技术在一定程度上提升了执法部门发现违法行为的效率，但作用有限，该项监管职责的落实，仍然需要乡村执法人员的不断巡查，然而，由于执法资源的欠缺，违法行为还是难以被及时发现。

第六，从执法的规范性来看，从国家治理能力与治理体系现代化的角度而言，乡村执法的规范性仍需提升。具体表现在三个方面：一是执法公正性有待加强。由于乡村执法人员总体上文化层次不高，法律意识不强，执法裁量基准不明确，自由裁量权较大，这就难免出现以不合理的条件或利用执法权谋取利益的情形。二是选择性执法偶有发生。

属于上级予以考评问责的事项被优先执行，不被上级政府重视的职责则流于形式，非正式执法人员工作待遇不高，晋升空间有限等，使得乡村工作人员倾向于“不因公事得罪私人”，乡村社会的人情面子观念浓重，无疑都将淡化乡村执法的法治色彩。[①] 三是文明执法作风仍需普及和提倡。由于一些乡村执法人员缺乏法治思想与服务意识，生硬执法，强调处罚与制裁，不重视教育与疏导，在执法过程中的粗暴方式将导致执法效果不佳，将有损政府及公职人员的形象和公信力。

（二）数字技术提升乡村执法效能、规范执法过程

人工智能、大数据等技术的广泛应用，为行政机关履行其监督管理职责提供了许多创新性的手段，运用新技术提升管理效能成为可能。数字政府的建设将促使政府办公流程的“数字化”和政务处理的“电子化”，使得政府能够通过数字化思维、数字化理念、数字化战略、数字化资源、数字化工具和数字化规则等途径提升其执法效能。具体而言，应当从下列几个方面推进乡村执法的数字化进程。

首先，通过行政规划、行政给付等手段推进乡村互联网普及率。相比于城市地区而言，我国乡村的数字化进程明显滞后。根据中国互联网络信息中心（CNNIC）发布的第 48 次《中国互联网络发展状况统计报告》显示，截至 2021 年 6 月，我国城镇网民规模为 7.14 亿 ，占网民整体的 70.6%，而农村网民规模为 2.97 亿，占网民整体的 29.4% ；城镇地区互联网普及率达 78.3%，而农村地区互联网普及率为 59.2%。因此，在因地制宜的条件下，加强网络基础设施发展规划，提升乡村网民规模和互联网普及率，通过行政补贴等行政给付手段推动规划目标的逐步实现。

---

① 于龙刚:《乡村社会警察执法“合作与冲突”二元格局及其解释——“互动 - 结构”的视角》，载《环球法律评论》，2015 年第 5 期。

其次，明确县区机关对乡镇政府的技术保障职责。当前，我国许多县区机关已经建立起了一体化的信息系统和综合化的指挥平台，在执法权向乡村下沉的背景下，这些技术手段对于乡村执法而言是迫切需要的，但是乡镇政府短期内无法自力建设完成。在厘清县区与乡村之间的事权分配前提下，再独立进行乡村的系统和平台建设会因重复建设而造成浪费。因此，县区机关在相应职权已经下放到乡镇政府的情况下，应当为乡村执法人员提供技术培训，将基础信息主动向乡村开放，将实时信息与乡村共享，为乡村执法提供充分的技术保障。

再次，运用数字技术优化对乡政府的监督考核制度。在原本执法权主要由县级以上工作部门承担的情况下，各个县级工作部门均在其职能范围内对乡镇政府进行监督考核，这易导致乡镇政府疲于应付高频率的监督视察与任务考核，使得本就紧张的执法力量难以“腾出手来”开展执法工作。在实现执法权向乡镇政府下沉的同时，应当一并在制度上解决多头考核的问题，统一由县政府充当监督考核的主体。此时，县区政府职能由原本的执法者变为执法业务的指导者、监督者和考核者。在监督考核实施方面，应当以数字技术为核心工具，避免耗费人力物力的“文山会海”，强化监督考核主体与乡镇政府之间日常交流与沟通，并开放基层民众对乡镇政府执法工作提出批评、建议、投诉、举报等反馈意见的数字化渠道。

最后，通过数字技术规范乡村执法程序。2014 年《中共中央关于全面推进依法治国若干重大问题的决定》提出要“推行行政执法公示制度……建立执法全过程记录制度……严格执行重大执法决定法制审核制度”，旨在通过行政执法三项制度规范执法程序。为有效避免乡村执法存在的公正性不足、选择性执法和粗暴执法等问题。做法具体包括：通过在乡村执法平台上公布具有重大影响的行政执法案件，通过典型案例增进村民法治意识，起到法治教育与一般预防的功能；通过推进具有5G网络回传的智能执法记录仪广泛运用，以技术手段实现现场执法的同步动态记录，增强执法过程的透明度，保障执法证据支撑；通过在乡村执法平台中嵌入法制审核功能，打破时空与编制对乡村法治人才配备的双重限制，减低执法成本，增强执法过程的审慎与监督。总体而言，数字化的技术手段，将全方位、全过程地助力乡村执法程序的规范化改进。

第二节 数字助力乡村多元治理

通过政府及其部门的数字化思维、数字化理念、数字化资源、数字化工具和数字化规则等数字化进程的推进，从而塑造城乡一体的数字治理社会空间，助力乡村多元治理。

一、数字助力乡村多元治理的正面效应

数字助力乡村多元治理带来的正面效应，主要反映在以下三个方面：

其一，降低行政成本，提升行政效能。一直以来，源于城乡政治经济的巨大差距，各项资源配比及对人才的吸引力都成为乡村振兴的短板，乡村治理自然也面临着“事多人少”的行政治理困境。通过数字技术建设整合而统一的信息化管理结构，统一数据采集、储存、利用、开放等各方面的数据标准，打破各级政府之间、政府与政府部门之间、部门与部门之间的数据壁垒，克服“数据烟囱”和“信息孤岛”现象，建立统一的政务服务平台、大数据中心等数据平台，在技术前端为群众提供身份认证、电子印章等共享、统一的基础应用。以数字技术的广泛应用为替代手段，最终实现在乡村机构与人员编制极为有限的情况下的行政效能升级。

其二，提升行政决策的科学化和智能化水平。高效、科学的行政决策须以信息的充分获取为必要前提。数字技术在乡村振兴过程中的应用越广泛、越深入，通过物联网、移动互联网等方式获取行政决策信息的广度、速度与深度也相应提高，这无疑有利于减少决策的盲目性，提升决策的科学性。在大数据、人工智能的综合运用背景下，数据分析的结果也能为决策提供更为直观的“实践观察”，减少基于经验主义的“拍脑袋”式决策。尤其在执行后的评估阶段，借助数据技术能够快速、正确地传递反馈信息，从而实现动态的执行调整和有效纠偏。

其三，促进公众参与，实现共建共治共享。公民虽然拥有宪法赋予言论自由权，对政府及其工作人员的批评、建议、控告和举报的监督权以及行政立法、行政决策和其他行政程序过程的参与权，但抽象的权利能否最终实现，取决于在具体的时空环境下的个体条件。尤其在乡村，基于空间相对分散、组织化程度相对松散、人员结构相对老化、人口对外流动体量较大等一系列原因，乡村治理在更大程度上存在着主体参与积极性不高、参与能力明显欠缺等困难。数字技术尤其是综合性的平台应用的推广与优化，能够将原本由于信息不对称、参与不便利等问题消解于高效便民的平台应用之上，使得村民的知情权、监督权、参与权等权利成为可以轻易“变现”的权益。

二、优化乡村多元治理数字平台

2021 年 4 月中共中央与国务院印发的《关于加强基层治理体系和治理能力现代化建设的意见》指出：“建立健全基层治理体制机制，推动政府治理同社会调节、居民自治良性互动，提高基层治理社会化、法治化、智能化、专业化水平……构建网格化管理、精细化服务、信息化支撑、开放共享的基层管理服务平台。”其中关于乡村多元治理的核心举措就在于平台建设。

（一）乡村多元治理数字平台建设现状与问题

从现阶段乡村治理公共平台建设的实践看，以下方面问题值得关注：

1. 数字平台局限于单一、低效的信息公开的现象突出

首先，虽然《政府信息公开条例》考虑到乡村信息需求的特殊性，特别将“农业农村政策、农田水利工程建设运营、农村土地承包经营权流转、宅基地使用情况审核、土地征收、房屋征收、筹资筹劳、社会救助”等纳入了主动公开的信息范围。然而，在多数的乡村数字平台建设上，仍然主要停留在信息发布和通知通告方面，与传统的政务网站大同小异，这与数字化平台建设规划目标有较大差异。其次，从实践公开的信息内容来看，现有数字化治理平台所公开的信息多为相关领导讲话、公务活动信息，上级政府传达的通知公告等，缺乏通俗易懂的政策解读性文本，内容的可读性不强，且信息更新滞后。最后，由于地方政府在对数字乡村建设的绩效考核中过度关注各类应用与数字化平台的访问量、政务公开信息数等量化指标，基层工作人员不得不耗时费力在各类政务应用和平台上“留痕”，反复填写相同的材料、补台账、晒活动照片等，这不仅加剧了基层行政工作重复性内耗等问题，也不利于基层减负的实现。[1]

2. 数字平台运行的集约化程度不高，“信息孤岛”现象突出

在数据发展战略、数字政府建设、数字乡村振兴成为国家重大改革方向的背景下，各级政府、各个政府部门基于其自身工作绩效考核要求，均在不同程度上开发了其自身职权范围内的政务小程序或信息系统。因此，从中央到地方的“条块分割”体制下，各级政府与各个

[1] 刘天元、田北海：《治理现代化视角下数字乡村建设的现实困境及优化路径》，载《江汉论坛》，2022 年第 2 期。

政府部门之间难以完全实现数据共享。数据壁垒的存在一方面导致数据信息的重复采集，对公民带来程序不便，同时增加了数据安全风险；另一方面各类数字平台重复建设亦需要耗费人财物的综合成本，造成资源严重浪费。在这样的情况下，数据技术改革面临的体制性障碍，就在于如何通过数据平台建立数据共享的交换体系，实现跨层次、跨部门、跨地域、跨系统，真正实现数字化模式下的整体政府。事实上，“信息孤岛”“业务烟囱”或“数据烟囱”问题的不同程度存在，正是包括数字乡村治理在内的数字战略推进遭遇的重大挑战。各级行政官员可能抵制这种技术与制度的转变，质疑信息一体化的可行性及数据隐私风险，部门与机构间信任缺失，各部门制定和执行政策的目标与侧重点不同,如果不能打破行政系统内部这种数字平台建设“各自为政”的局面，不打破“数据壁垒”和“信息孤岛”，不实现平台互通和数据共享，数字平台建设将成为一项投入成本巨大而收效甚微的“碎片化”工程。

3. 数字平台的综合治理能力不足，一体化建设有待加强

乡村多元治理数字平台建设的终极目标，是尽可能地拓展平台的应用场景，一体化承载乡村治理的全部功能，从而实现治理图景的整体切换，由线下治理向线上治理转变。除去前述数字平台基础功能的信息公开，一体化数字治理平台至少应当在智慧党建、村委治理、治安管理、市场监管、应急管理、公众参与、民意监督等多个方面建设相应内容的功能板块，才能实现最大的数字治理规模效应。如果不在较大程度上实现数据标准、数据结构和接口的统一，实现数据平台的互联互通和数据共享，一体化建设将难以取得实效。然而，当前乡村数字治理平台普遍处于初创的“毛坯”阶段，各类必要的功能板块空白的情况较为普遍，如何让各类治理板块尽快上架，并保障数字治理功能的有效运行，可谓数字助力乡村多元治理的“当务之急”。

（二）乡村多元治理数字平台建设的对策

1. 聚焦村民需求优化实现数字平台信息公开功能优化

在基层乡村建设当中，涉农信息、党建信息、村务信息、政务信息属于针对性的信息需求。首先，应当重点强化生产信息、交易市场信息、涉农政策信息、农业经济运行信息、农业科技信息、农村服务业及相关产业信息、农村劳动力就业信息等涉农信息的广泛采集、分析，并高效、及时以及便利的方式公开；其次，应当加强利用网站、App、公众号、短视频等新媒体平台开展村基层党建信息公开建设，及时传达党组织以及上级党组织精神，并将基层党建要闻、党政方针、党的理论、党群教育等有关事务，按规定在党内或者向党外公开，确保党建信息公开的及时性与透明度；再次，应当以村规民约与财务信息为核心推进村务信息公开，如农村集体的资金、资产、资源信息，土地占有、使用、收益和分配信息，村民维权以及村民集中反映问题信息、村内自治章程以及各项事务管理文件信息等；最后，应当围绕村民广泛关注的养老、医疗、教育、劳动、婚丧等与村民生活需求息息相关的公共服务领域的法律规定及相关政策，以更为通俗易懂的解读方式实现“可读的”公开。

2. 完善省级政府集中统筹、县级政府主建的基层网格化治理

一方面，由省级政府加强统筹规划、组织协调，构建标准统一的网格化数字治理平台。依托已存的全国统一标准地址库、人口数据库、组织机构库等基础信息大数据资源库，横向集成、纵向贯通各类应用平台的数据，实现网格化数字治理平台的一网覆盖、同台作业、协同办公，最大程度地打破当前各部门自建系统带来的数据壁垒。另一方面，由县级政府负责县域内网信、党建、公安、环保、安监、司法、党建等融入网络治理，形成覆盖全县的网格化数字治理平台，并构建县、乡、

村三级网格化治理运行机制。开展基层信息化人才队伍和网格员队伍建设和储备工作，划分村级网格，组建网格员队伍，对网格员进行技能培训和管理，提升网格员实战应用水平。为每个网格员配备数字终端，实行村社数据综合采集，实现一次采集、多方利用。

3. 以党务管理、党员宣教为核心推进智慧党建

一方面，制定党建数据的统一标准，实现党务数据的采集、识别、分类、储存，真正实现“一次填报，重复利用”，切实减轻乡村党建的数据信息负担。重点推进党员管理、民主评议、党内生活、党员表彰、“三会一课”、主题党日等活动的线上应用软件建设，推进党务管理线上的全流程闭环，方便乡村分散党员的线上组织生活。另一方面，完善乡村党员宣传教育的线上模块建设，重点加快党员远程教育系统的优化升级，扩大网络党课在农村党员教育中的应用。推进乡村党组织“上云”，综合运用重点新闻网站、政务网站、“两微一端”等平台，积极稳妥、依法依规推动党务网上公开，拓宽党群沟通渠道，畅通社情民意。[①]

4. 以“雪亮工程”为样板，推进村务治理与政务治理的数字化升级

2018 年 1 月 2 日，作为中央一号文件的《中共中央国务院关于实施乡村振兴战略的意见》首次将“雪亮工程”作为平安乡村建设的重要举措作出了高度肯定。“雪亮工程”是以县、乡、村三级综治中心为指挥平台、以综治信息化为支撑、以网格化管理为基础、以公共安全视频监控联网应用为重点的“群众性治安防控工程”。它通过三级综治中心建设把治安防范措施延伸到群众身边，发动社会力量和广大群众共同监看视频监控，共同参与治安防范，从而真正实现治安防控“全覆盖、无死角”。“雪亮工程”在乡村治安管理事项上的成功，可以为村委治理及其他政务治理提供宝贵的借鉴经验。这种有益借鉴主要体现在以下四个方面：

① 2019 年 5 月中共中央办公厅、国务院办公厅印发《数字乡村发展战略纲要》。

其一，切实激发公众参与的积极性。“雪亮工程”的一大特色是由当地政府与网络公司合作，通过技术手段让村民能够实时了解惠民政策、公开公示和共建工程动态。通过这套系统，村民们打开电视机便能看见村里几个重要路口的实时影像。如果村民发现安全隐患，便可立即通过平台与警务室进行视频通话，直接报警。“雪亮工程”的创新，在于将原本属于政府主导的治理事项，通过技术的可见性，增强了村民对社会治安的认同感和主体责任感，从而将公众参与成为可能。

其二，技术设备的科学规划与布局。“雪亮工程”坚持“四注重、四坚持”，加快重要部位、复杂场所和农村薄弱地区公共视频监控系统建设。按照“保质保量、确保实用”的原则，由地区综治办牵头组织公安、广电、电信、移动、城建等部门采取实地查勘方式，经过认真深入研究，制定完善试点工作方案。对试点地区电子监控设施进行整体规划，确定了各监控点位、光缆、传输设备、汇聚点、线路走向，确保点位实用、布局合理、图像采集清晰、品牌统一、兼容性高，切实保障了“雪亮工程”建设的科学性和实效性。

其三，注重运行与维护的动态管理。“雪亮工程”建立了基层工作人员、网格员每日巡检，网络运营公司定期维护保养的常态机制，并在先期建设中，组织基层工作人员、网格员了解该地区线路、点位，学习设备运行及日常维护知识，以便于后期的日常巡线检查工作，随时地解疑工作、及时地维修调度、及时地报告运行故障等。网络运营公司逐地确定维护责任人，公布联系电话，对所有监控探头、辅光灯等硬件设施定期保养，对发现的故障及时维修解决，确保视频监控正常运转、发挥作用。

其四，以“雪亮工程”的成功为基础，可以将其他村务治理以及政务治理整合到“雪亮工程”系统内，最大程度地发挥用户黏性效应，最终实现村民足不出户，就能了解政策法规、监督村务村情、开展法治教育、学习农技知识等，使党务政务真正走进千家万户，让“雪亮工程”不仅是“天网”工程向村级的延伸，更是公共安全向基层和服务群众的延伸。

三、运用新技术培育数字村民

（一）培育数字村民的目标确立

培育数字村民是建设数字乡村、实现村民福祉的必要手段。所谓数字村民，是指具有数字化参与能力，能在虚拟数字空间中完成村民自治事务的自治主体。培育数字村民，即提升村民的包括数字化通用素养、数字化社交素养、数字化创意素养和数字化安全素养等。培训数字村民已然成为乡村振兴的重要政策目标。

2019 年 5 月，中共中央办公厅、国务院办公厅印发的《数字乡村发展战略纲要》提出：“到 2035 年，数字乡村建设取得长足进展。城乡‘数字鸿沟’大幅缩小，农民数字化素养显著提升。”“强化人才支撑。开展信息化人才下乡活动，加强对农村留守儿童和妇女、老年人网络知识普及。充分发挥第一书记、驻村工作队员、大学生村官、科技特派员、西部计划志愿者等主体作用，加强农民信息素养培训，增强农民网络安全防护意识和技能。”

2021 年 9 月，中央网信办联合多个部门印发的《数字乡村发展指南 1.0》进一步指出，“乡村数字素养提升是指通过线上线下培训相结合的方式，提升农村居民和农村基层干部的设备与软件操作、沟通与协作、数字内容创建、数字安全等数字能力。”并明确主要强化“新型职业农民”“农村居民”“基层干部”等不同群体的数字素养培训。

（二）村民数字素养提升的重要意义

乡村村民主要有普通群众、精英群体以及村干部等不同类型。村民数字素养整体提升，对激活乡村公共治理能发挥正向作用。

首先，随着数字技术的普及，村民在通过数字化培训、学习和实践后，可以获得基于数字均等渗透的平等效应。数字平台在公共治理领域的应用，可以打破时间和空间的局限，最大程度地降低广大普通村民参与乡村治理的成本，极大调动普通村民参与乡村治理的积极性和主动性。

其次，乡村中的精英群体原本就在经济上或影响力上占据优势地位。在数字化技术的传播过程中，这类群体具有更强的接收新信息、学习新技术的愿望和能力，其数字化素养越高，对微信公众号、学习强国、益农信息服务中心等有关乡村治理的数字化平台使用越熟练，越能够在各种惠农政策中把握信息，获得政策福利，因而这类群体将能够以主人翁的意识推动乡村数字治理。

最后，村干部作为基层群众自治制度中的领导力量，其本身对于数字乡村振兴负有政治上与组织上的职责。其数字素养的提升，既能对广大村民参与数字乡村治理起到模范带头作用，又能够在其本身拥有政治资源、经济资源、生产管理技术等多重优势的情况下，树立技术权威，对其乡村治理主导地位起到叠加效应。

（三）培育数字村民的难点

当前，培育数字村民的难点主要体现在以下方面：

首先，村民数字素质基础薄弱。将数字乡村振兴确定为国家发展战略，必然意味着对于广大村民的数字素养提出了更高的要求。问题在于，由于目前我国广大农村地区整体上信息基础设施薄弱，农业数字化应用滞后，农民网络接触率偏低，农民数字化水平有限，乡村基层治理水平不高，特别是媒体工具的技术价值还没有得到充分开发，数字工具的增收价值还需要进一步释放。中国互联网络信息中心（CNNIC）发布的第48次《中国互联网络发展状况统计报告》显示，截至2021年6月，我国城镇网民规模为7.14亿，占网民整体的70.6%，而农村网民规模为2.97亿，占网民整体的29.4%。另一数据也印证了这一现实难题，中国社科院信息中心2021年3月发布的《乡村振兴战略背景下中国乡村数字素养调查分析报告》显示，城乡居民数字素养差距达37.5%，农民群体的数字素养得分仅18.6分，明显低于其他职业类型群体，较全部人群平均值（43.6分）低57%。总体上来看，乡村农民群体数字素养急需提升。

其次，数字歧视尤其是对老年群体的数字歧视问题显著。虽然数字技术具有中立性，但接收群体可能因其自身特征而在接收新技术上存在问题。尤其在城镇化过程中，乡村的青年群体普遍外流，乡村剩下大量老年群体。《中国农村发展报告2020》的数据显示，预计到2025年，我国乡村60岁以上人口的占比将达25.3%，约为1.24亿人，农村地区成为积极应对人口老龄化的重要阵地。乡村老年群体通常具有行动不便、知识水平不高等特点，大多数留守老人以使用老年手机为主，老年手机功能有限，主要功能为接打电话、发送短信等，无法使用流量数据参与互联网活动。即便部分老年群体使用智能手机，但由于当前手机应用缺乏针对老年群体的实用性与体验性设计，老年群体面临更为突出的数字歧视与数字鸿沟。在当前技术条件和数字素养背景下，强化数字技术公共服务，使得部分老年人被排除出公共服务，数字鸿沟现象将进一步加剧。

再次，数字治理导向不足。在数字乡村治理过程中，数字基础设施建设、数字设备的普及以及数字手段的使用并非最有挑战的难题。

更为重要的是，在数字技术“飞入寻常百姓家”后，村民从何种意义上使用数字技术。由于在农村数字化建设中缺乏专业的和完善的培训机制和管理机制，村民对通过数字平台学习农业新技术都不感兴趣，绝大部分人上网仅仅为了娱乐，更遑论通过数字平台参与公共治理。村民是数字治理的内生动力，如果数字技术未能在功能导向上进行引导，数字乡村多元治理难免悬浮于乡村之上，难以嵌入乡村社会的实际运转进程中，实际发挥的作用将较为有限。

最后，数字人才支撑不足。当数字乡村建设成为一项战略目标时，需要在组织保障上引入数字人才。然而在队伍建设上存在“二元悖论”。正因为乡村本土对这类人才的“造血”能力存在先天不足，在缺乏此类人才的情况下，自然需要依赖于外来“输血”。此时一般通过下派干部或者招聘外来专业数字技术人才等方式，以期及早搭建数字专业队伍。然而，由于引进的外部技术人才往往难以融入乡村社会，且其普遍存在着工资待遇低、发展前景有限等问题，因而对数字乡村建设带来的积极效应具有短暂性。[1]

（四）培育数字村民的对策

首先，应当着力建构政府主导、社会协同、家庭参与的数字教育体系。政府对数字村民的培训承担着“发展照顾”责任，但仅仅依靠政府将造成过重的压力，而农村市场作为内需的重要组成部分，对于企业而言具有深度挖掘的市场价值。因此，政府在主导提供免费的数字素养和技能培训服务的同时，应当组织引导行业协会、市场企业、学校和社会教育培训等力量参与数字培训服务的供给，并通过补贴或奖励的形式鼓励家庭内部开展数字教育。

其次，重点帮扶老年群体提升数字素养。由于农村老龄群体受教

[1] 刘天元、田北海:《治理现代化视角下数字乡村建设的现实困境及优化路径》，载《江汉论坛》，2022 年第 3 期。

育程度、信息知识和使用技能所限，对公共数字文化服务的认知不深。虽然部分农村老年人拥有电子移动设备，其使用也多限于移动通信方面，熟知网络公共参与、数字文化“点单”服务的极少。为了改变这种状况，基层政府部门应以技术培训为核心整合家庭反哺教育，全方位提高农村老人的数字信息素养。[①]其一，设立专门的行政村信息培训站，组织党员干部、志愿者入户对点进行宣传教育，通过开设“农村网校”等形式，搭建便捷的学习平台；其二，倡导家庭式数字反哺，以代际互动的方式发动子女主动向长辈传授数字应用知识，提供精准化指导，并轨社交传播的力量，逐步弥合“老年数字鸿沟”。

再次，强化基层干部数字素养培训。依托农村党员干部现代远程教育网络等教育平台，面向基层干部提供数字乡村业务知识和数字技能培训，使其具备利用信息化手段履行岗位职责的能力。省级层面依托农业农村部全国农业科教云平台（包括中国农技推广信息平台、新型职业农民培育信息管理平台），通过远程教学、云课堂等信息化手段，集中组织数字素养培训课程。县级层面依托农业农村部全国农业科教云平台，建设县、乡、村三级培训体系，确定培训对象、遴选培训机构、明确培训内容，利用远程教学、云课堂等多种信息化手段。[②]通过强化体制内人员的数字素养，加速数字化进程向村民渗透。

最后，区分和优化数字教育方式。村民数字素养的提升包括设备与软件操作、沟通与协作、数字内容创建、数字安全等多方面的数字能力。[③]对于普通村民，基础的数字能力主要是线上沟通交流、查看信息、公共服务及公共治理平台的使用等，因此，上述内容应当成为数字教育培训服务内容的基础设定。对于其他如数据搜集与分析等数字高阶技能，应当循序渐进，而不适合在现阶段在体制内外设定指标或

[①] 汤资岚：《数字乡村战略下农村老龄公共文化服务效能提升研究》，载《图书馆》，2021 年第 10 期。
[②] 2019 年 5 月中共中央办公厅、国务院办公厅印发《数字乡村发展战略纲要》。
[③] 何阳、汤志伟：《迈向技术型自治：数字乡村中村民自治的“三化”变革》，载《宁夏社会科学》，2021 年第 6 期。

作强制要求。在教育服务上，要充分发挥第一书记、驻村工作队员、大学生村官、科技特派员、西部计划志愿者等主体的教育服务作用；在教育方式上，应当通过线上线下培训相结合的方式，通过课堂教学、现场教学、线上学习等相结合的方式开展；在教育力量上，充分利用社会资源和社会组织，开设互联网和数字信息科技基础课程，为农村居民提供学习机会。此外还可以利用电视、广播、数字大屏、宣传栏等渠道，发布培训课程。

第三节 数字优化乡村公共服务

19 世纪末 20 世纪初，世界各国逐渐迈入给付行政时代，国家行政权不再仅限于在治安、国防等消极行政职能，而是在教育、医疗、养老等诸多给付领域承担着公共基础设施建设、公共资源供应、供应事业发展等积极行政职责。在数字乡村振兴过程中，如何让制度、经济、社会资源处于劣势地位的乡村分享国家发展成果，推动公共服务的均等化、普惠化，既是宪法上平等原则的重要体现，更是执政党“为人民服务”宗旨和初心使命的必然要求。

《数字乡村发展行动计划（2022—2025 年）》中已明确提出，要始终把维护好农民根本利益、促进农民农村共同富裕作为数字乡村建设的出发点和落脚点，让广大农民成为数字乡村建设的参与者、受益者。在宏观对策上，便是要着力推动“互联网 + 政务服务”进一步向基层延伸，持续提高乡村公共服务水平。要完善全国一体化政务服务平台，推动实现网上政务服务省、市、县、乡、村五级全覆盖，提高涉农事项全程网上办理比例，推动政务服务“网上办、掌上办、一次办”。推进电子政务外网向乡镇、村延伸，扩大乡村基层便民服务中心、服务站点部署范围，推进线上线下深度融合。建立健全政务数据共享协调机制，稳步扩大涉农政务信息资源共享范围。深化农村综合服务网点覆盖，推进农村地区数字社区服务圈建设，提升政务、商超、养老等综合服务功能，做好乡村服务“最后一百米”。建设农村工程建设项目管理信息化平台，实现农村工程建设项目“一网统管”和“一网通办”。

一、乡村公共服务面临的主要困难

在我国乡村公共服务建设发展过程中，基于体制、政策、社会关系等多方面原因，碎片化困境仍需突破，乡村公共服务供给能力亟需提升。

（一）基于体制的乡村公共服务碎片化

我国地方政府管理体制基本属于一种“条块分割”的结构性关系，亦即除了国防、外交、金融、海关等少数职能部门实行垂直领导体系，大多数政府部门实行的是“条块结合”的双重领导体系。地方的工作部门，既要对所属的本级政府负责，同时又要对上级政府部门负责。在这种情况下，政府部门在纵向与横向上都将面临体制性障碍，在一定程度上阻碍乡村公共服务优化的进程。

从纵向来看，虽然中央政府层面禁止上级业务部门强制下级业务部门进行同构的机构建制，但上级业务部门为了追求自身的利益及方便自身的业务开展，多以各种方式影响下级业务部门的组织改革。更重要的是，从各级政府本身的职能来看，宪法及相关组织法的基本立场是各级政府享有的是全能的职权，承担的是全部的职责，在“中央统一领导、地方分级管理”的指导思想下，各级政府间的职权、职责和机构设置必然是高度统一，这将导致纵向重复建设问题，数字政府的推进亦将遭遇这一难题，且由于纵向上越往下沉，相应的资源更为有限，同时业务压力也越大，这对于乡村公共服务无疑是重大挑战。

从横向来看，虽然各政府工作部门之间各有其业务范围，但业务范围的边界并不清晰，基于各种要素性权力的离散性以及管理事务本身的综合性等原因，“九龙治水”是行政管理体制改革中一直着力解决但又长期存在的难题，消极职权争议的“管理真空”以及积极职权争议的“管理冲突”时常发生。在数字政府建设过程中，各部门在其管理实践中搜集、储存和使用的数据是其自身重要的资源和手段，各部门基于自身部门利益，往往会对数据的整合持排斥的态度，这便形成了部门间的数据壁垒。在数字政府背景下，通过数据平台建设和优化，提升乡村公共服务的数量和质量，亦须建立在打破数据壁垒的前提之上。

（二）基于政策的乡村公共服务碎片化

自改革开放以来，我国便确立了优先发展沿海城市，乡村支援城市，先富带动后富，最终实现共同富裕的基本发展思路。在优先发展城市的布局下，农村本已十分有限的资源在对城市与工业发展进行反哺后，剩余的公共服务资源更为稀缺。在分税制改革后，中央实际用于乡村公共服务建设的资金亦未有明显增长。乡村在面临巨大财政压力的情况下，习惯于以“一事一议”的模式，通过费用摊派等方式筹集资金，来满足乡村道路、桥梁等公共设施或公共服务的需求。然而这样一种非制度性的、随机性的供应方式，无法为乡村公共服务建设提供持续、稳定、充足的保障。近年来，虽然在国家层面通过财政与税收的转移支付，对乡村公共服务建设进行公平补偿日益加大，但在省、县、乡三级治理层级中，乡村一级政府处于最基层和末端，各类转移支付的资金项目在经过层层分配后，流转到乡村基层的资源和经费便较有限。如此一来，乡村公共服务碎片化和非均衡化问题更加凸显，多数地区的乡村公共服务长期处于低位徘徊、零散细碎的非饱和供给状态。

（三）基于社会关系的乡村公共服务碎片化

在乡村地区，虽然整体的人口密度远不如城镇，但由于乡村属于典型的“熟人社会”，因而人际关系的密度要高于城镇。在这样一种人际关系的背景下，乡民在生产、生活中的联系更为紧密，在日常的走访互动、婚丧活动、农业生产、娱乐休闲等各方面都存在交集。然而，人际关系的密度越高，以“陌生人社会”为适用时代场域的现代法治规则却极易出现水土不服的困难。反映到乡村公共服务的供应商，则分配的公平性容易受到社会关系的干扰与挑战。[①]在教育、医疗、养老、社保、住房等一系列公共服务事项上，往往基于信息不对称、政策不理解、公职人员因“人情关系”或“金钱关系”的差异化对待等原因，加之信息监管和数字化反馈不足，本已较为有限的乡村公共资源又难以得到合理配置，在公共服务与公共资源分配的“最后一公里”又产生乡村内部人员之间的不均衡现象。

二、“数字政府”建设与乡村公共服务优化

数字技术在行政管理实践的运用，以其数据共享互通、数据透明开放、数据信息服务等功能导向，带来政府运行模式的变革，从原本的“分而治之”转向“整体政府”。整体政府就是倡导政府要突破传统单一主体的困局，通过跨部门、跨层级、跨区域的方式，构建数字乡村的整体性框架。数字乡村的绩效提升需要构建由政府主导，打通政府部门及政府间的壁垒，沟通与外部的协助，通过强化数字技术的融合优势，打破各主体分离的无组织局面。[②]通过不断开发与村民生活息息相关的公共服务数字化应用，涉及政府便民服务、医疗、教育、养

① 陈柏峰：《乡村基层执法的空间制约与机制再造》，载《法学研究》，2020 年第 2 期。
② 沈费伟：《数字乡村韧性治理的建构逻辑与创新路径》，载《求实》，2021 年第 5 期。

老、金融、扶贫、文化、人才等方面的内容，致力于提升村民生活质量。通过城乡信息资源的优化配置，成功打通农村公共服务“最后一公里”，使数据、信息和服务在政府与社会之间、城市与乡村之间以及不同群体之间顺畅流动与共享。欲改变乡村公共服务碎片化困境，关键在于强调政府组织应通过充分沟通与合作，形成一致的政策目标、统一的政策执行手段、连贯的公共事务合作机制，在这一构架下打造“数字政府”，提升公共服务水平与效率，从而提升村民的获得感和幸福感。

（一）以“互联网＋公共服务”平台建设为抓手，实现“一网通办”并打通乡村公共服务“最后一公里”

首先，应当加快运用互联网、大数据、云计算等技术手段，构建一体化乡村公共服务平台，为村民提供一站式服务。乡村“互联网＋公共服务”基于全国一体化公共服务体系，通过扩大涉农公共服务事项网上办理比例，部署乡村基层政务服务中心、站点等方式，推动公共服务向乡村延伸、向基层延伸。

其次，整合乡村公共服务的各项具体事项。依托全国一体化在线政务服务平台，将农林牧渔生产管理、农村居民社保、公积金、优抚、就业创业、医疗保障、教育就学、法律服务、帮困服务、养老服务等乡村重点服务事项优先纳入各级政府“一网通办”服务事项目录，提高乡村公共服务网上办理及全流程在线办理比例。

再次，在行政系统内部由省级政府负责统筹建设全省各级互联、协同联动的一体化公共服务平台，实现对省、市、县、乡四级公共服务事项覆盖。县级政府依托省级公共服务平台，负责梳理与农业、农村相关的公共服务事项，了解农村居民公共服务办事需求，编制发布公共服务办事指南，实现更多涉农公共服务事项网上办理、全流程在线办理。

最后，打造“一站式”服务功能，打通公共服务“最后一公里”。省级层面负责推进电子政务外网向乡镇一级延伸，县级层面负责构建县、乡、村三级联动的公共服务体系，建设乡村便民服务中心、便民服务站点，配备专业或兼职服务人员，利用互联网为农村居民就近提供公共服务。有条件、有实际需求的地区可设置具备凭证、票据打印功能的智慧柜员机等自助终端，并做好使用指导，为乡村居民提供“自助式”公共服务。将高频公共服务事项接入各商业银行自助终端，在银行农村基层服务网点推广使用“公共服务 + 金融”自助服务一体机。

（二）以分类建设、多样运营的模式推进乡村公共服务优化升级

首先，应当坚持因地制宜、有所侧重的阶段性建设策略。根据《数字乡村发展战略纲要》的规定，数字乡村建设可分为集聚提升类、城郊融合类、特色保护类和搬迁撤并类四种类型，各省市应当结合自身实际，合理规划建设内容。考虑到处于城市近郊的城郊融合类具有“近水楼台”的地缘优势，可以在发展规划中作为城乡公共服务一体化建设的“优先级”。这类乡村具备成为“城市后花园”的基础，也具有向城市转型的条件。针对该类村庄，数字乡村建设重点是加快城乡产业融合发展，实现基础设施互联互通和公共服务共建共享，大力发展数字经济，推动“互联网 + 社区”向农村延伸，提高基本公共服务均等化水平，满足乡村居民不断提升的生活服务和消费需求。此类乡村的公共服务优化升级，应与智慧城市一体设计、同步实施。

其次，区分公共服务运营项目的特点，采取相匹配的投资运营方式。具体而言，对于涉及多个政府部门的公共服务项目，政府需要承担主要的资金压力，并须具备较高的数字技术统筹管理能力，此时应采取由政府主导，委托有资质的机构或企业开展数字乡村项目设计和建设工作，政府拥有项目资产所有权，运营工作由政府委托社会企业负责；

对于乡村养老、乡村医疗、智慧文体等前期需要较大投资、运营阶段盈利空间相对有限的项目，政府需要强化对企业的服务过程、服务效果和信息安全的监管能力。此时，政府宜以和企业通过签订行政合同的方式进行合作，明确各自投资边界、运营分工和职责，合作开展项目建设和运营。政企合作建设运营模式可兼顾政府和企业利益诉求，合理配置市场资源，减轻政府财政投入压力，提升市场主体的参与程度；对于带有一定公共性质但又不属于公共服务范畴的事项，政府应当通过政策引导社会资本参与数字乡村建设，采取由单个企业或企业间合作筹措资金、开展项目建设和运营，企业拥有项目资产所有权。如此一来，既可以为政府节省大量财力、物力和人力，同时又能发挥市场主体专业化运营服务优势、激活市场主体活力。在该类模式下，政府对项目的掌控力度较弱，需做好市场监管，创造良好的市场营商环境，给企业创新新业态、新模式提供有力的政策支持。

（三）打破公共服务平台的数据壁垒，实现数据资源共享

只有将离散和零碎的数据进行共享互通，才能让数据真正流动，发挥大数据的集成效用，也才能让乡村公共服务质量高低和服务满意度做到“有数为证”。为此，应在三个方面努力：

其一，实现时空上服务时间整体贯穿，服务地点整体归类，服务内容整体融汇。公共服务平台应以提供全时性和全域性的服务为目标，在服务时间上应做到公共服务平台的“7×24”全时段开放；在服务地点上搭建“网上办事厅”,做到所有公共服务项目线上线下“两线贯通”。与此同时，还应深度挖掘利用与乡村公共服务相关的物理数据、社会数据、虚拟数据以及行为数据，生成海量数据库，为乡村公共服务提供更加精确的决策参考。浙江绍兴的“浙江浙里兴村共富”场景应用及其行政执法数字化改革是非常好的典型做法，值得关注和借鉴。

[典型案例]

浙江绍兴"大综合化一体化"执政执法数字化改革

"浙里兴村（治社）共富"场景应用是绍兴市委以数字化改革为牵引，高质量建设共同富裕现代化基本单元的重要载体。2022年以来，绍兴市柯桥区将"大综合一体化"行政执法改革和"浙里兴村（治社）共富"场景应用，作为打通党建统领整体智治"最后一公里"的重要举措，以"民情触发、民情处置、民情分析、民情榜单"整体框架，整合"三驻三服务"，贯通基层治理四平台、"大综合一体化"行政改革数字化应用场景等，做到村级事项"自下而上流转"，从而打通场景的双向通道，真正推动村以下实现"一个应用"。

"大综合一体化"行政执法改革方面，重点是聚焦目录清单，构建高效执法模式；聚焦整体下沉，推广"一支队伍管执法"；聚焦协同指挥，发挥数智支撑作用；聚焦系统监督，建立健全监督机制。

在"浙里兴村共富"场景应用方面，重点是推动场景融合贯通，推动场景管用实用，完善制度机制，打造最佳应用，为"大综合一体化"改革试点提供更多柯桥特色、柯桥亮点、柯桥经验。

（资料来源：柯桥区召开"浙里兴村（治社）共富"场景应用现场推进会，https://3g.163.com/local/article/H4OFRP0504099D9R.html。）

其二，实现纵向上公共服务职责公示，村民评价渠道整体畅通。在科层制的上下级命令服从模式下，以往的任务下达往往是通过"发文件”“开大会”的方式进行，数字技术使得公共服务的职责更加公开透明，且传导便捷。通过平台的评价渠道，村民可以对乡村公共服务进行事前、事中和事后的全时段监督，确保服务真正“在阳光下运行”，以监督促进乡村公共服务供给的有效性。

其三，实现横向上的职能部门整体合作，内外资源整体调配，多元主体整体协力。2019 年 2 月，国家发展改革委等部门联合印发《加大力度推动社会领域公共服务补短板强弱项提质量促进形成强大国内市场的行动方案》，乡村公共服务的提供涉及教育、财政、人社、广电、体育、资源、商务、文旅等十余个部门，涉及政府与市场或社会力量的协作,难免存在部门缝隙与合作困境。通过设置平台的统一服务接口、统一数据结构和数据标准，构建公共服务综合对接云平台，打造协同、共享和高效的跨部门、跨层级的“数字政府”，为基层治理能力和治理体系现代化提供有力支撑，为乡村法治和乡村振兴战略实施提供持续动力。

第四章
数字支撑乡村司法

第一节　数字强化乡村司法保障

乡村作为构成社会的基本单元，是国家治理的基石。而乡村司法作为国家司法的“末梢”，是实现乡村有效治理、维护乡村社会稳定的重要手段。乡村司法，是一个颇具中国乡村本土特征的概念。从主体上来看，其不仅包括了基层法院（法庭），还涵盖了乡镇司法所、派出所或信访办、综治办、人民调解组织等。[①] 从活动上来看，不仅包括了派出法庭对民事案件的审理，而且包含了以司法所为代表的乡镇相关机构涉及人民调解及法律服务的活动等在内的司法服务。[②] 与乡村司法相对应，乡村司法保障也不仅包括了乡村诉讼保障，而且包含了乡村公共法律服务[③]、乡村多元解纷机制、乡村智慧司法建设等在内的司法服务保障。乡村司法保障机制是解决乡村纠纷、保护乡村权益和维护

[①] 陈柏峰、董磊明：《治理论还是法治论——当代中国乡村司法的理论建构》，载《法学研究》，2010 年第 5 期。

[②] 王亚新：《农村法律服务问题实证研究（一）》，载《法制与社会发展》，2006 年第 3 期。

[③] 乡村公共法律服务保障包含了丰富内容，如完善乡村公共法律服务网络、促进法律服务多元化专业化、保障困难群众获得优质法律援助、深化“公证进乡村”、开展“司法鉴定机构进农村”、依法开展社区矫正工作、着力发挥司法所职能作用等。

乡村社会稳定发展的重要工具。数字化是信息技术发展与第四次工业革命的重要表征，统合了互联网、大数据、云计算、区块链、人工智能、算法等新兴技术，对社会发展和国家治理产生了深远影响。数字强化乡村司法保障是数字法治乡村建设的重要组成部分，是释放数字红利催生乡村司法发展内生动力的重要举措。数字强化乡村司法保障，将有力推进数字法治乡村建设。

一、数字强化乡村司法保障的运作机理

（一）坚持“法治化”和“治理性”共存

数字强化乡村司法保障的首要行为逻辑是要保持法治化和治理化间的平衡。基于对传统乡村社会及司法的观察，苏力教授提出“基层司法的反司法理论”[①]。在此基础之上，陈柏峰和董磊明教授概括出乡村司法治理论的基本观点：一是基层法官根据治理需要适用规则，于国家法律而言，地方性规范常常竞胜；二是在程序层面上，乡村司法并不遵循法治原则，司法过程充斥着各种策略和权力技术；三是基于治理乡村社会的需要，基层法官和乡村干部组成了一套非常系统的以结果为导向、以治理为逻辑的纠纷解决机制和乡村司法体系。[②]

随着乡村社会结构的变迁，杨力教授认为乡村司法“治理论”应当有所修正，追求普适化的乡村法治化轨道。具体而言，乡村司法的“法治论”应为：一是改变了乡村司法中基于熟人关系的差别对待原则，

① 对于“基层司法的反司法理论”，苏力教授认为，在送法下乡的过程中，不但国家制定法与乡土社会之间存在紧张，基层司法人员对法治理念和制度也有隔膜；那些执行送法下乡任务的基层法官，形成了他们的一套地方性知识，成了“新法盲”。之后，陈柏峰和董磊明教授视乡村干部为乡村司法权力运作的导管，将说服诱导、欺诈胁迫、一打一拉、人情面子等权力技术带入了司法过程，法律强制的一面和乡土社会温情的一面紧密结合在一起，国家权力在边缘地带完成了支配性重建，建立了法律秩序。从乡村司法干部所形成的治理化司法现状来看，整个乡村司法体系与现代法律知识体系存在着紧张和对立，因而可能是“反司法”的。参见陈柏峰、董磊明：《治理论还是法治论——当代中国乡村司法的理论建构》，载《法学研究》，2010年第5期。

② 陈柏峰、董磊明：《治理论还是法治论——当代中国乡村司法的理论建构》，载《法学研究》，2010年第5期。

将不可调和的冲突转化为平等主体之间并受规则约束的理性论辩与交流；二是通过法律程序在农民群体中建构共识，进而化解地方性司法知识导致的不同农民阶层间的“结构性利益冲突”；三是通过民主方式，建立农民群体的制度化利益表达渠道；四是作为地方性知识载体和作为司法权力运作导管的乡村干部都是“行政干预司法”的另类表达，应当被完全清除出乡村司法过程；五是将乡村司法权力复归为判断权，除去其治理化功能。[①]

乡村社会的变迁[②]对乡村司法产生了新的需求，使得乡村社会与国家法律越来越具有亲和性。然而，乡村社会是结构性变化，而非结构性解体。乡村社会的差序格局和关系距离仍然客观存在。中国乡村仍然是一个由礼俗、人情、关系等主导的社会，注重宗法血缘、讲究伦常关系。相对于僵硬的国家权力，中国的传统、文化、习俗、道德是韧性的、持久的、弥漫的、浸透的，司法在这些情理面前往往显得苍白无力，因为它的运作常常背离了人们所理解和接受的生活意义。因此，乡村司法趋向法治化的过程中，要想实现社会效果和法律效果的统一，乡村司法也不能完全去治理性，要站在“法治化”和“治理性”共存的现实出发寻找乡村司法的现代化出路。回归数字强化乡村司法保障，要注意法治化和治理性间的协调，以及以此为基本的行为逻辑。

（二）发挥数字“赋能”的驱动优势

数字强化乡村司法保障，更多的是要发挥数据“赋能”[③]优势。数

① 杨力:《新农民阶层与乡村司法理论的反证》，载《中国法学》，2007 年第 6 期。

② 如在社会关系和情感方面，受理性计算和人口流动等因素的影响，村民之间的社会联结变得疏远和脆弱，昔日的“情感共同体”难以维系。参见王丹、刘祖云:《乡村“技术赋能”：内涵、动力及其边界》，载《华中农业大学学报（社会科学版）》，2020 年第 3 期。也有学者从乡村传统治理术的衰退来研究乡村社会变迁，如村庄自主解决纠纷的内生能力弱化，宗族力量、伦常秩序、道德规范、风俗习惯、面子人情等传统治理术明显式微，难以自成体系地独立完成某些规制功能。参见栗峥:《国家治理中的司法策略：以转型乡村为背景》，载《中国法学》，2012 年第 1 期。

③ 数字赋能，是指运用先进的数字技术手段，通过技术扩散、场景改造和提供平台等方式，赋予个人和组织行动能力。参见王丹、刘祖云:《乡村“技术赋能”：内涵、动力及其边界》，载《华中农业大学学报（社会科学版）》，2020 年第 3 期。

字技术将赋“预测”“服务”“协作”之能于乡村司法，成为乡村司法创新的重要驱动力，为乡村司法保障带来重大性变革。

首先，数字赋“预测”之能，使乡村司法保障更具前瞻性和有效性。以乡村矛盾纠纷解决为例，长期以来，乡村司法行政机关或者派出法庭等司法主体，习惯于“头痛医头、脚痛医脚”，往往在出现了矛盾纠纷之后才去着手解决，不仅预测能力欠缺，也缺乏事前预测的意识，这往往加大了矛盾纠纷的解决难度，消耗了更多的乡村司法资源。乡村司法，以数据技术为支撑，提升前瞻预测能力，实现源头治理。如浙江湖州、吉安等地的乡镇，在乡村司法中引入数据技术，建设在线矛调分中心，不仅能够通过整合公安、司法行政机关、人民调解委员会、派出法庭等乡村司法主体的力量，快速解决纠纷，而且可以对庞大的线上矛盾纠纷的数据进行专业化处理，监测、预警、预控可能出现的矛盾纠纷[①]，使乡村司法保障更具前瞻性[②]。此外，大数据技术侧重数据信息的相关性分析，能够为相关司法主体进行司法运作提供科学的认知分析，避免陷入片面的认识，提供乡村司法保障的有效性。[③]

其次，数字赋“服务”之能，使得乡村司法保障更加精细化。在过去，乡村司法一直是基层治理的重要手段，起到管控和维稳作用。新时代下，乡村司法更注重服务人民。数字技术在服务精细化推送方面具有无可比拟的优势。数字赋“服务”之能最直观的表现即是数字技术突破了人脑对信息记忆和分析的有限性，可以对海量数据进行汇集整理、跟踪监测，又能按照既定程序对数据进行关联性分析，作出即时、准确、全面的研判，这些应用于乡村司法将会使得其在司法需求监测、分流处置、反馈回应等方面的服务更加精细化。如浙江省在全

① 对于矛盾纠纷多发易发的领域，及时开展专项治理，综合运用法律、行政、社会等手段分类施策，切实做到矛盾纠纷发现在前、处置在早、化解在小。

② 截至 2020 年底，湖州全市 74 个乡镇（街道）已经实现矛调中心全覆盖。浙江湖州市确保 90% 以上的矛盾纠纷化解在乡镇（街道），做到“大事不出镇”。

③ 王欣亮、魏露静等：《大数据驱动新时代乡村治理的路径建构》，载《中国行政管理》，2018 年第 11 期。

省乡镇推进在线矛调中心建设，利用大数据技术，对汇集而来的矛盾纠纷信息进行实时的动态监控，准确地把握其进一步发展态势，制定针对性的纠纷解决方案，使乡村司法保障不断走向精细化。

最后，数字赋"协作"之能，使得司法保障更加整体化。乡村是社会的基本单元，乡村司法是国家司法的基础。作为基础的乡村司法，其资源配置存在诸多不合理之处。同时，乡村司法权力、群众利益诉求也存在碎片化现象，使得乡村司法的运行协作性不强。特别是，乡村矛盾纠纷化解信息缺乏联通。由于各类矛盾纠纷化解主体在职能定位方面不清晰，容易出现各自为战的情形，进而衍生出"信息孤岛"现象，难以及时准确地梳理发现重大矛盾纠纷风险隐患，而且还会造成各类纠纷解决力量之间的重复劳动。数字赋能乡村司法保障，建设乡村数字解纷平台，可以发挥其整合协作功能，整合乡村诉讼、非诉资源，为乡村民众提供更加便利、有效的纠纷解决资源。以"浙江在线矛盾纠纷多元化解平台"为例，推动建立功能集成、业务协同的统一在线矛盾纠纷预防化解平台，实现矛盾纠纷的在线咨询、在线评估、在线信访、在线公证、在线调解、在线仲裁、在线确认、在线执行的有序衔接，真正方便当事人"一网解纷"。在乡村司法权力、资源、信息等要素的物理距离一定的情况下，数字技术使得要素流动的速度加快，其相对距离大大缩短，实现了乡村司法资源的"云上整合"，使得乡村司法保障更加整体化。[①]

二、数字强化乡村司法保障的独特优势

（一）促进乡村司法的法治化

传统乡村社会，结构内向而封闭，是典型的"熟人社会"，故其秉

[①] 门理想、王丛虎:《"互联网 + 基层治理"：基层整体性治理的数字化实现路径》，载《电子政务》，2019 年第 4 期。

持以人情为基础、以伦理为本位的正义观，乡村司法侧重“纠纷治理”[①]。然而，随着工业化和城市化进程的加快，乡村社会结构逐渐发生变化，外向性、开放性显著增强。现代乡村社会逐渐强化以自由和理性为中心、以法治为本位的正义观。相对应的，乡村司法也越来越现实化生长。如在乡村司法实案中，“面子”“人情”对乡民决策的影响在减弱，乡民谋求法律公平的欲望在不断强化。[②]乡村诉讼率不断攀升，人民越来越习惯使用法律术语和权利宣称来使自身的诉求合法化。换句话说，乡村司法的实践场景和逻辑发生变化，呈现的“规则之治”趋势在不断强化。这种“规则之治”在应然上是契合了乡村法治化的内在要求，但实然上又与乡村社会存在某种程度上的割裂。这种割裂最明显的表现是农民“触及”现代司法或者“规则之治”的距离感。固然，乡村司法的“规则之治”在强化，但乡土熟人社会所长期奉行的行为习惯及制度变迁过程中的路径依赖，使得乡村社会中的价值观念和行为规范不可能一下子消失殆尽，基层民众存在适应之难。

数据在乡村司法保障层面的强化，在很大程度上提供了一条可缓解农民适应“规则之治”之难的新路。加强农民对乡村司法的参与是促进“规则之治”的重要一环。目前，农民“触达”乡村司法的便利性、可及性还不够。数据技术的应用，数据对乡村司法的保障，为农民“触达”乡村司法打通了道路。通过“数据”加深乡村社会和“规则之治”的联系，强化乡村村民与乡村司法运作的亲缘性。如此，可强化乡村法治建设的步伐，将乡村可能发生的冲突和纠纷及其可能给政治及社会体系正统性带来的重大冲击加以分散或缓解，使得乡村司法真正成为乡村社会最稳定的调整器。

---

① 在乡土社会的熟人关系中，纠纷的解决是要恢复双方之间被破坏的关系，而不会轻易地诉诸法律，即熟人社群中的纠纷解决机制是“瞄向未来”的，将来的彼此关系比眼前的是非重要。参见郭星华、邢朝国：《从送法下乡到理性选择——乡土社会的法律实践》，载《黑龙江社会科学》，2010 年第 1 期。

② 杨力：《新农民阶层与乡村司法理论的反证》，载《中国法学》，2007 年第 6 期。

（二）实现乡村司法的便民高效

数字技术应用于乡村司法保障，绝非简单的现代信息技术在乡村司法保障中的应用，不应简单地将过去线下办事、办公形式转移到线上，更不得以技术为由、安全为要，使流程变得更烦琐，制约变得更生硬。相反，更多的是数字技术赋能乡村司法保障，支撑乡村司法保障，革新乡村司法保障，为乡村带来更加精准、便捷的司法服务。譬如对于诉讼保障而言，数字赋能可加快人民法庭的“数字化、智慧化”建设，畅通司法便民“最后一公里”，及时回应法治乡村建设的司法需求。数字化的乡村司法保障，将充分融合整合、服务、预测功能以提供更加便民、高效的乡村司法服务。

以农村地区社区矫正为例。由于乡村地区缺乏完善的网络社区矫正系统，一方面，人工对矫正对象进行信息记载及监督，使得工作人员无法对矫正对象进行实时监测，一定程度上影响社区矫正的实效；另一方面，公、检、法、司等机关之间在农村地区未能充分形成合力，社区矫正的执行效果难以保证。数字技术的广泛应用将为改变这一困局提供契机。如“互联网 + 虚拟社区矫正”机制不仅可以利用网络虚拟社区对矫正对象进行信息收集、信息研判以精准帮扶。而且各部门还可以通过“云信息”共享实现矫正合力，共同对犯罪人进行线上教育改造，并定期通过网络测试的形式掌握受矫正人学习情况、改造态度、心理状态，节约矫正资源，提高矫正质量和矫正效率，无疑将提升基层治理成效。

简单地说，数字技术进入了乡村司法领域，很大程度上提高了乡村司法的工作质量和工作效率，有利于乡村社会治理能力现代化，较好地提升了乡村社会治理水平。这主要表现在：一是加速了老百姓问题或者诉求信息的传导和流转，提升了司法主体对老百姓诉求的回应性。譬如在慈溪市，所有矛盾事项通过省矛调协同办理平台统一登记、分派，事权单位明确，责任主体清晰。慈溪市矛调中心还自主开发“数据看台”功能模块,集成对接“线下矛调”“社会治理”“热线服务”“智慧城管”等系统，实现各项业务数据互通，并可在后台进行查询跟踪、代办提醒、分析趋势、监测预警。二是打破“知识壁垒”，以“系统分流＋人工分流”的形式为群众诉求匹配更为适宜的解纷资源，提升乡村司法资源配置效率和供需耦合的精准性。三是数字技术助推乡村司法实现集成式治理，通过治理端口前移，让矛盾纠纷能在更早期和最基层末梢被及时发现、传导、调处、化解，将有助于减少矛盾纠纷的放大、转化或迁移，将纠纷隐患消弭于未起之时，防止小纠纷矛盾发展为大冲突。

三、数字强化乡村司法保障的实现路径

（一）树立“因地制宜”意识

数字强化乡村司法保障，不能“一刀切”，要因地制宜，探索不同路径。我国地理差异较大，各地的条件决定了如何进行数字乡村司法保障建设、对基础建设的选择以及选择何种其他相关进程的推进模式。[①] 在整体设计的基础上，数字强化乡村司法保障需要密切联系当地基础与需求，科学把握地域特色、民俗民情、文化历史，认真制定配套计划，因地制宜对数字乡村司法保障进行设计和创新。如对民族地区的乡村，在充分利用大数据、人工智能等新兴技术，推进民族地区乡村智慧法庭、智慧检务和智能司法建设的同时，还要注意司法权力运行、民族宗教习惯法与地方性知识之间的博弈和协调。

更重要的是，因各地的经济发展水平和司法治理能力差异，在运

① 沈费伟:《数字乡村的内生发展模式：实践逻辑、运作机理与优化策略》，载《电子政务》，2021 年第 10 期。

用数字技术赋能乡村司法治理的过程中，有的地方能够实现“强赋能”，但有的地方却是“弱赋能”。如“嵌入型”代表着技术和治理良性互动的“强赋能”类型；“游离型”“约束型”“追赶型”代表着技术和治理失衡的“弱赋能”类型。[①]不能为了数字赋能而赋能，脱离当地经济发展水平与实际需要，不顾条件地加大投入，推动数字技术及其系统的应用，未为基层治理提供有效助力，反而带来发展之累。总之，未来的数字乡村司法将趋向“强赋能”，实现大数据技术在司法领域的全方位、高水平应用。

（二）搭建乡村司法数字平台

搭建乡村司法数字平台是数字强化乡村司法保障的重要路径。数字技术，可以打破乡村司法信息壁垒，突破部门界限，整合乡村司法资源，提升乡村司法的运行质量和效率。像以“互联网 + 乡村司法”为思路搭建乡村司法数字平台，可以使得乡村司法信息的流转速度加快，使得乡村司法权力间的相对距离缩短，司法运行的效率大大提高。如在 2016 年，绍兴市杨汛桥镇以镇综治办为依托，联合派出所、法庭、检察室、司法所、信访办等方面，强化综合治理、矛盾化解、维护稳定、平安建设等方面的协作联动，形成统一的综治信息工作平台，不仅实现乡村司法资源的“握拳式”整合，使得杨汛桥镇的乡村司法运行进一步夯实，基层治理更有力度，而且真正实现了乡村司法的便民、利民。[②]

---

① 嵌入型，意味着大数据技术方案已经嵌入司法各个环节中，对司法治理模式和机制产生了深刻的影响。游离型，意味着大数据支撑、分析和应用平台初具规模，也具备继续深入发展的条件和空间。但是，相较于“嵌入型”，法院对大数据资源和技术的依赖度并不高，受制于传统司法体制的惯性作用，技术并没有在底层意义上融入司法各环节中，仍然游离于技术实施的表层，甚至是处于理念和技术展示的阶段，尚未真正有效落地，技术和诉求之间还存在着一定的缝隙。约束型在大数据开发和应用程度上仍处于起步阶段，虽然在政策上给予了一定的支持，但受制于经济社会条件的限制，技术真正落地仍然需要一定的时间。追赶型主要存在于欠发达地区，这些地方大数据技术起步晚、进展缓慢，一线审判对技术的诉求度也较低，大数据技术之于司法治理尚处于可有可无的阶段。参见王翔：《大数据赋能的地方性差异——基于地方司法治理实践的比较分析》，载《中国行政管理》，2022 年第 3 期。

② 门理想、王丛虎：《“互联网 + 基层治理”：基层整体性治理的数字化实现路径》，载《电子政务》，2019 年第 4 期。

再如宁波市石碶街道依托“E 宁波”系统打造“数字石碶”，充分运用大数据分析，及时发现矛盾纠纷苗头，快速处置化解。

[延伸阅读]

深化数字化改革 浙江宁波迭代升级基层治理四平台

自 2015 年在全省率先推行镇街基层治理四平台建设以来，宁波逐步深化全要素智慧治理、全周期动态治理、全覆盖基层治理，全力推进市域社会治理整体智治。当前，宁波建立起以全市统一的信息系统为主脉、指挥体系为枢纽、全科网格为底座的中枢指挥体系，基本实现纵向全贯通、横向全覆盖、市域全统筹。

一、功能集成强化体系重构

“指挥室呼叫，三溪浦水库四号桥点位有很多人在电鱼捕鱼，请前往处置……”2021 年第六号台风“烟花”来袭，7 月 25 日下午，眼看风势雨势略有减少，个别村民就不顾风雨来到三溪浦水库电鱼捕鱼。发现这一情况后，鄞州区东吴镇“智慧大脑”指挥中心工作人员立即联系巡逻队员，劝离相关村民，并对他们进行了警告教育。结合智慧平台防汛防台应用模块，东吴镇通过智能物联设备监测全镇山塘水库的水位和周边情况，实现分级预警，线上线下人机互动，力争将损失减到最低。

东吴镇运用城镇“智慧大脑”为基层治理提质增效的工作，是鄞州区推进全域智治的版图一角。通过区社会治理综合服务中心、基层治理四平台、城镇“智慧大脑”互联互通，强化跨层级、跨区域、跨部门的数据共享、协同管理，鄞州已实现“一网管全域、一键快处置”。

在迭代升级基层治理四平台中，宁波将职能相近、职责交叉和协作密切的123项社会治理法定基层事务集约成22项，分类明确四个“大口子”处置平台，并在原综治工作、市场监管、综合执法、便民服务4个功能性平台的基础上，升级调整整体构架，其中综合执法、市场监管合并成监管执法平台；依托乡镇（街道）应急管理站、消防站等工作力量，新增应急管理平台；整合便民服务中心、社会事务办等工作力量，优化扩充公共服务平台。

二、机制重塑强化闭环管理

一辆机动车停在海曙区石碶街道万顺路人行横道上，并没有被过往行人关注，但有一双特殊的“眼睛”已经识别到这一违停行为。10分钟后，石碶街道综合指挥室基层治理四平台上跳出一则提示信息，信息流转到石碶城管中队后，城管队员立即到现场处理。

这是石碶街道依托基层治理四平台开发的6大智慧治理场景之一。凭借自动分析，该设备可主动观测、快速判断和精准定位辖区范围内存在的垃圾堆积等9类不文明现象，并将自动分析后的告警数据与基层治理四平台融合对接，快速推送给相关职能部门进行处置，形成业务处置闭环。

石碶街道相关负责人说，人工智能设备既能快速发现问题精准定位，又能进行数据分析，让街道掌握辖区内各区域不文明现象的发生率高低状况，开展有针对性的整顿治理工作。

宁波市基层治理四平台相关负责人说：“在平台功能调整的基础上，我们同步重塑了事件受理、分析、流转、处置、督办反馈、考核等全过程闭环管理机制，实现各类事件处置在系统全程留痕，从事件上报、处置到解决，整个流程清晰可见、随时可溯，做到有图像、有数据，可比对、可复核。”

据统计，去年，宁波市通过“基层治理四平台”处置社会治理事件 245.6 万件，按期办结率达 99.25% 以上。

三、数字赋能强化融和应用

“感谢你们，没想到第二次过来就能调解成功。”不久前，一起工伤纠纷案在镇海区社会矛盾纠纷调处化解中心调解室内案结事了，当事人冯女士拿着为丈夫领回的 5.5 万元工伤赔偿金向调解员感谢道。

仅用 10 天，冯女士就从申请调解到最终拿到赔偿，这样的调解速度，背后支撑的是镇海区矛调中心打造的基层全息智治平台。

2021 年，镇海区矛调中心将社会智治平台迭代升级为全息智治平台，通过市区两级深度协作，全息智治平台以基层治理四平台、12345 政务服务热线、矛盾调解、智慧城管等多个业务平台为支撑，集成综合指挥、管理决策、网格精细管理等近 20 个应用场景，将其按功能划分为实时动态、综合指挥、分析决策、基础支撑 4 个板块。

走进镇海区骆驼街道静远社区，智管家数字大屏上汇聚了整个社区的人、房、事、物。“在防汛防台工作中，我们通过智管家查看各小区动态，结合网格员走访，能够及时掌握防台救灾情况。”社区党总支书记刘维君说。

目前，宁波基层治理四平台通过五大基础数据库和若干专题题库共享 38 个部门相关数据，与公安、应急、金融、信用等 10 个部门的基础数据和 11 个部门的事件信息实现双向流转，建成“人、事、物、地、组织”等治理要素全方位、全时空掌握的感知网，覆盖率、联网率不断提升。

（资料来源：中国长安网，https://www.chinapeace.gov.cn/chinapeace/c100007/2021-10/29/content_12553640.shtml。）

乡村司法数字平台，至少应该包括受理、分流处置、研判分析、反馈、督察等系统，一体化建设，实现乡村司法的全链服务。如浙江南湖区的在线“矛调中心”平台，针对涉法涉诉类矛盾纠纷，优化形成了“诉讼引调—纠纷调处—司法确认—代理诉讼”和“综合受理—纠纷调处—司法确认—代理诉讼”的“双闭环”模式，实现从综合受理到代理诉讼“一窗办理、全链服务”。此外，搭建乡村司法数字平台，不能仅仅着眼于分布式、多部门协调统一的作用，而且还要注意借由数字支撑，打通与县、市、省等在线矛调中心的数据联通和信息集成。省、市、县单位不仅能为乡镇在线矛调中心工作提供指导（如疑难复杂问题会商机制），而且可以根据乡镇在线矛调中心的数据汇集和研判，负责统筹，优化治理方式。总之，搭建的乡村司法数字平台，不仅要推动乡镇内部的司法保障，也要促进乡村与市域或者省域之间的外部治理更为智能、互联、有效。

（三）培养数字应用人才

第一，加快对乡村司法主体的数字思维培养，提升其数字驾驭能力。大数据思维具有整体性、多样性、平等性、开放性、相关性和生长性等特征，从本质上来说它是一种复杂性思维。[①] 在乡村司法中，传统的思维重视追踪事件的单一因果关系，缺乏全面性和系统性，容易忽视与之相关的其他细微因素。以涉疫矛盾纠纷的解决为例，传统思维注重就问题解决问题。数据思维则不同，在涉疫矛盾纠纷的解决中，数据思维更注重涉疫矛盾纠纷信息间的相关性，即司法主体通过大数据平台接收各类涉疫矛盾纠纷信息后，不满足于当下纠纷的解决，而且要利用数据平台对这些表面看似不相关的信息进行深入监测和深度分析，进而科学研判涉疫矛盾纠纷的发展态势，以实现涉疫矛盾纠纷

① 张春华:《大数据时代的乡村治理审视与现代化转型》，载《探索》，2016 年第 6 期。

的预警、预控。总而言之，数字强化乡村司法保障背景下，要加快乡村司法主体的数字思维培养，各司法主体不仅能够利用信息技术快速地收集数据，并及时挖掘海量数据中潜在的可用信息，同时更加强调司法主体能够依靠数字技术实现乡村司法的前瞻性、有效性、精细化、整体性保障。

第二，提高农民数字应用素养。让农民充分享受数字化乡村司法保障所带来的服务。随着工业化、城镇化的持续加速，农村高学历的青壮年大多外出务工，常住农村的居民平均年龄偏大、学历层次偏低，部分老年人受教育水平较低、对现代科技的接受能力较弱。同样的数字化产品和服务从城市延伸到农村，却可能遭遇功能利用不全面、便捷化享受不充分等问题。因此，强化数字乡村司法保障，必须加强农民数字素养与技能培训，才能让农村居民充分享受到数字化乡村司法保障的便利红利。

（四）规范数据收集、处理与应用

数据是数字化转型的动力之源，其中涉及数字收集、处理和应用等多种行为，其中涉及各方隐私、数据权益等保护，关乎相关主体的切身利益维护，因此，必须规范数据收集、处理和应用，方能有序推进数字乡村司法的稳步发展。

一是加快厘清数据产权。数据产权是数字化乡村司法保障亟待破解的难题。特别是数据产权的归属问题，我国《民法典》《个人信息保护法》《数据安全法》等诸多法律尚未就此作出明确规定，实践中分歧也较大。此外，数据授权不详细也是突出问题。省、市、县对乡村司法主体的数据授权界限是什么？譬如关于数据分类、敏感数据范围及其脱敏规则等，目前缺乏详细的规定和规则指引。乡村司法主体在对公共数据资源开放中也存在开放不彻底、不充分、不完全的问题，如对“涉及国家秘密、商业秘密和个人隐私”“非涉密但敏感”等多以经验予以区分。

二是制定数据采集、处理的标准。目前，从浙江省的数字乡村司法实践来看，各司法主体信息数据流转仍在各自系统平台上，未能实现数据统一平台流转，存在信息不对称、报送不及时、统计不精准等弊端。因此，必须加快制定统一的数据采集标准，方能实质性推动乡村司法“多中心”向“一中心”转变；方能推进数据共享，逐渐实现司法主体内部的业务协同；方能使得各乡村司法主体明确其数据权限关系，发挥不同的治理功能，实现多元主体的协同共治。

第二节　数字助力乡村多元解纷机制

一、乡村多元解纷的现状

（一）国家战略层面

2018 年《中共中央国务院关于实施乡村振兴战略的意见》首次明确提出“建设法治乡村”，体现了党对法治乡村建设工作的高度重视。乡村处于国家治理体系的最基层，是社会的终端和末梢。法治乡村建设则是法治社会建设的基础和全面依法治国的根基，是打造共建共治共享社会治理格局的重要内容。2020 年 2 月 19 日，习近平总书记在其主持召开的中央全面深化改革委员会第十八次会议上强调，法治建设要坚持和发展新时代“枫桥经验”，推动更多法治力量向引导和疏导端用力，强化多元解纷、坚持把非诉讼纠纷解决机制挺在前面，从源头上减少诉讼增量。

2021 年最高人民法院《关于深化人民法院一站式多元解纷机制建设推动矛盾纠纷源头化解的实施意见》中指出要构建以基层人民法院

及人民法庭为主体，纵向延伸至乡镇（街道）、村（社区），横向对接基层治理单位、基层党组织、公共法律服务中心（站）等，群众广泛参与的多元解纷和诉讼服务体系，形成村（社区）—乡镇（街道）—基层人民法院及人民法庭三级路径，及时就地预防化解纠纷。[①]2021年，最高人民法院还提出要推动一站式多元解纷工作向基层延伸，依托人民法院调解平台，在线对接基层解纷力量，构建分层递进源头预防化解矛盾纠纷路径，形成“纵向到底、横向到边”的基层预防、化解纠纷网格，切实把矛盾纠纷解决在萌芽状态、化解在基层，促进基层治理体系和治理能力现代化。[②]乡村多元解纷工作作为法治乡村建设中不可小觑的一环，是乡村振兴的关键所在，是全面推进依法治国的重要基石。乡村多元解纷要重视从源头上预防化解纠纷，精准定位纠纷和讼争的源头，因地制宜开展解纷工作，确保乡村矛盾纠纷的有效分流和及时化解，进而为法治乡村、平安乡村建设和乡村全面振兴提供坚实的法治保障。

（二）乡村多元解纷现实情况

1. 乡村传统纠纷解决方式逐渐失灵

首先，乡村德治解纷作用日渐式微。在社会转型期，拜金主义、功利主义等观念的兴起侵蚀了乡村传统道德规范和价值体系，影响了乡村德治的权威地位。外加“贤能”逐渐离开乡村，传统的德治力量逐步弱化，而新的德治主体如社会公益组织、大学生、乡村中小学教师等未得到应有的重视，德治解纷作用大不如从前。

其次，乡村社会结构和环境改变对解纷机制提出新需求。随着社会结构的转型和经济发展，大量年轻人迁往城镇，以家族为核心的聚

[①]《最高人民法院关于深化人民法院一站式多元解纷机制建设推动矛盾纠纷源头化解的实施意见》（法发〔2021〕25号）。

[②]《最高人民法院关于加快推进人民法院调解平台进乡村、进社区、进网格工作的指导意见》（法〔2021〕247号）。

集居住已经被打破。乡村环境的转变导致原有的乡村纠纷化解体系逐渐瓦解，而现有的城镇纠纷化解体系又难以完全承接乡村的矛盾纠纷。同时，乡村矛盾纠纷的主要类型也发生了变化。随着社会经济与消费的多样性发展、城乡一体化进程加速、农村人口流动增速，乡村利益诉求和纠纷类型也呈现出复杂化和多样化的发展趋势，村民们对纠纷化解方式也有新需求。目前乡村民间借贷纠纷、金融借款合同纠纷、买卖合同纠纷、劳务合同纠纷等诸多新型纠纷类型出现且数量庞大，亲戚邻里间的矛盾纠纷更多地涉及金钱利益。新型纠纷和涉众纠纷的出现，体现出乡村纠纷的复杂化与多样化，以德治和自治为主的传统纠纷化解机制难以很好应对。

2. 单一诉讼手段难以定分止争

随着乡村社会逐渐和城镇接轨，村民的平等意识、法治观念及权利保护意识等均发生转变和提高，村民们遇到纠纷诉诸法院寻求解决已成为常态。但实际上，仅凭借诉讼这一种手段难以实质性化解乡村的各类纠纷，过度依赖诉讼手段也给各方带来讼累。

首先，诉讼关注和解决的是纠纷内所争夺的利益，即诉讼只能在既定利益范围内解决纠纷、划分利益归属，不会考虑到村民之间的亲缘或邻里关系，亦无法发掘当事人真正在意的未来利益。程式化的解纷方式不仅无法真正从源头上化解纠纷，还可能会在后续执行等环节中引发系列衍生纠纷。

其次，人民法庭案多人少矛盾突出，乡村纠纷难以及时化解。村民们虽然开始选择用法律手段保护自身权利，但是实际上大家的法治意识仍有待提高，此时的“乐于打官司”实质上只是机械并带有模仿性地去选择诉讼方式解决纠纷。受到“纠纷解决方式仅有打官司”这一错误观念的影响，大量纠纷被诉至人民法庭，使得基层法官审判压力剧增，审判质量也难以得到保证。

3. 乡村多元解纷机制不完备

首先，前端纠纷排查机制不完善。矛盾纠纷的前端排查是矛盾纠纷的先决环节，唯有先期介入扑灭纠纷的“着火点”，方能在矛盾爆发或扩大前将其解决。但目前纠纷前端排查有以下几个方面的不足：第一，纠纷排查力量有待加强。乡村纠纷排查队伍法治素养参差不齐，对纠纷排查工作缺乏专业性和统筹性，不能深入扎实排查纠纷，使得纠纷隐患未能在源头上得到解决。第二，纠纷排查协调不畅。村委会、派出所、人民法庭等对纠纷排查的界限不明和协调不畅等问题，一方面会导致重复排查，浪费资源现象的发生；另一方面也会导致部分纠纷排查鲜有问津，不利于纠纷的源头被发现并解决。

其次，诉调对接多元解纷利用率不高。诉讼与诉讼外纠纷解决机制二者间是良性共生的，乡村司法的功能定位应被置于多元纠纷解决体系中加以考察。但作为司法机关在农村地区象征的人民法庭未能发挥其固有功能，乡村司法与诉讼外其他纠纷解决方式，如调解、公证、仲裁等无论是在观念层面还是在运行操作层面也缺乏明确的区分以及有效衔接，导致乡村多元化纠纷解决机制难以发挥实质性作用。

再次，乡村调解组织能力有待提高。第一，调解主体的知识水平和法律涵养有限。在乡村调解组织中，参与并主持调解的通常是村委会的村干部等乡村权威人士。囿于教育水平和法律专业知识，他们在纠纷解决的过程中更多是依据生活习惯、乡规民约和生活经验。第二，调解过程中存在程序操作不规范、调解效率低、久拖不解等情况。甚至有的乡村调解员在调解完成后没有形成书面的调解协议书，使得调解协议的效力和后续履行均难以有保障。第三，调解员和村民们对调解组织的功能、作用与地位的认识较为片面，无法充分理解和发挥调解组织的功能，弱化了调解组织的地位。第四，调解组织保障不足。多数民间调解组织设施建设不足，对调解人员能力的培训不充分，规范的程序设计更是缺乏。

4. 数字支撑力度不足

农村缺乏统一信息平台。以湖南省为例，湖南省城镇各类调解工作的部门与行业领域均有各自的纠纷化解系统和平台。譬如法院系统涉及纠纷化解的系统有三个：最高人民法院开发的人民调解平台、湖南省高级人民法院开发的诉讼服务网和专业性纠纷化解平台，包括道路交通一体化平台、劳动争议在线平台等。但此类平台并未完全推广应用到乡村，乡村多元解纷的信息平台不统一，数据端口不开放，导致矛盾纠纷相关信息不能互联互通、使用效率低，进而引发了不少问题：一是无法精确全面掌握矛盾纠纷情况。二是无法实现调解资源的整合。前端的纠纷解决信息不能为后端提供有价值的参考，后端的纠纷解决结果不能与前端共享。三是无法提供融合咨询、谈判、调解、仲裁、诉讼等多种解纷方式的“一站式”服务信息平台。

二、数字助力乡村多元解纷的独特优势

在大数据、人工智能和区块链等为代表的数字技术全面介入社会治理的背景下，司法数字化、网络化和智能化建设正成为推动国家治理现代化的重要一环，大数据、人工智能和区块链等新兴网络数字技术的运用也影响着乡村多元解纷工作的展开。

（一）数字技术助推乡村解纷方式创新发展

大数据时代，依托互联网、云计算、人工智能等数字技术，可以弥补传统乡村解纷方式和手段的不足。在线调解平台可以邀请“乡贤”参与，破除乡村德治功能日渐式微的困境；数字技术能丰富解纷方式和手段以更好地应对当下农村社会更趋复杂的矛盾纠纷；互联网可以突破传统解纷方式的物理局限，实现乡村与城镇解纷资源的整合，提

升解纷的实效。

（二）数字技术改变乡村解纷思维范式

解纷思维范式的转变影响着村民矛盾纠纷化解的方式、手段、效率等各个方面。在儒家思想及无讼理念的影响下，传统乡村形成了回避矛盾与纠纷乃至厌诉的惯性思维。随着乡村社会结构的改变和村民权利意识的提高，审判中心主义的观念和诉讼解决的地位受到推崇，诉讼成为村民首选解纷方式，但随之剧增的纠纷数量也超出了人民法庭的承受限度。数字技术的有效应用可以为定分止争提供有力支持，给当事人提供新的维权之路。[①]信息化、数字化的技术可以丰富村民们的解纷思维方式，促进村民们在线维权、在线解纷等习惯的形成。久久为功，潜移默化，数字技术将促成新时代乡村解纷和维权的新思维与新逻辑。

（三）数字技术提升乡村解纷成效和基层治理效能

“三治融合”是“枫桥经验”实现社会和谐稳定的内在基本要义[②]，是化解乡村矛盾纠纷的核心内涵之一。数字技术可以有效促进自治、法治、德治“三治融合”。并可进一步推动智治、自治、法治、德治“四治融合”，构建线上线下解纷新模式，为乡村纠纷解决和社会治理提供数字技术支撑。[③]数字技术还可以协助地方各级党委和政府充分发挥政治优势，构建多部门间的综合协调，再通过在线解纷平台，连接乡镇政府部门、人民法庭、仲裁机构、调解组织、乡村企业和村民等多方主体，形成共建、共治、共享的乡村解纷治理体系，不断提升乡村多元化纠

---

① 呼连焦、刘彤：《大数据视域下社会治理：机遇、挑战与创新》，载《湖湘论坛》，2018 年第 4 期。

② 中国法学会“枫桥经验”理论总结和经验提升课题组著：《“枫桥经验”的理论构建》，法律出版社 2018 年版，第 28 页。

③ 邓大才：《走向善治之路：自治、法治与德治的选择与组合——以乡村治理体系为研究对象》，载《社会科学研究》，2018 年第 4 期。

纷解决机制的解纷成效与社会治理效能。

三、数字助推乡村多元解纷路径优化

（一）加大数字解纷的宣传与普及

互联网等技术在基层的广泛应用，不断改变着乡村的解纷方式。在传统德治解纷作用式微的局面下，我们更应加强数字技术在纠纷解决领域的推广与应用。不过目前村民对数字解纷的接受度尚待提升，需要加快宣传普及，让百姓们循序渐进地知道、了解、习惯、使用数字技术解纷。具体而言，可以在村中宣传栏集中宣传，还可以充分发挥数字技术的优势，通过村集体的微信群与乡村官方公众号、人民法庭公众号、数字多元解纷知识竞赛等多元途径进行数字技术解纷的宣传普及。

[典型案例]

浙江省杭州市鸠坑乡全面宣传解读“在线矛盾纠纷多元化解平台”助推矛盾调解的新模式

为进一步推进“在线矛盾纠纷多元化解平台”工作运行，鸠坑乡两次召开乡村两级调解委员会人员及专职网格员业务培训会，以理论讲解及现场演练的形式开展培训工作，及时有效地将“在线矛盾纠纷多元化解平台”推广于基层、用于基层、服务基层。

一、学习认识“在线矛盾纠纷多元化解平台”

它是一个学习平台，各类知识汇聚，内容丰富；它是一个工作平台，各条线各领域的调解资源集聚，支撑有力；它是一个便民平台，实现老百姓调解矛盾从“最多跑一次”到“一次都不用跑”的转变。

二、“在线矛盾纠纷多元化解平台”实效性

“在线矛盾纠纷多元化解平台”是新时代“枫桥经验”的网络升级版，通过将线下的矛盾纠纷解决模式搬到线上，异地矛盾也能及时有效地沟通化解，矛盾双方无须再耗费时间等待，为双方当事人节约人力、财力、物力，平台集合了社会多元化解模式进行一站式矛盾纠纷解决的互联网平台，也是“互联网＋社会治理”的创新实践，更是深化矛盾纠纷解决领域“最多跑一次”的改革，自在线矛盾纠纷多元化解平台宣传和应用以来、有效地解决了村级矛盾激化，真正减少了村级初访和信访问题，截至目前鸠坑乡共在线化解纠纷 86 件，群众满意率 100%。

三、其他宣传推广举措

鸠坑乡将进一步围绕“强平台、重推广、见实效”的总体目标，进一步加强“在线矛盾纠纷多元化解平台”的运用，同时加大对在线矛盾纠纷多元化解平台的宣传推广力度，在综治、法院、司法所、乡镇街道、村级调解室等各类解纷场所向群众提供宣传资料，并利用每月各村支部主题党日活动帮助群众安装手机 App，积极引导群众选择在线平台解决纠纷。以平台上线运行为契机，制定一张百姓看得懂的解纷路线图，挨家挨户地宣传，宣传介绍平台功能，普及矛盾纠纷解决路径，培养群众的解纷习惯。

（资料来源：鸠坑乡全面解读“在线矛盾纠纷多元化解平台”助推矛盾调解的新模式，https://mp.weixin.qq.com/s/znUkVRgfm0x-EChAgl4Yjcg。）

（二）搭建信息整合与共享平台

搭建矛盾纠纷的信息监测和汇集平台，可以强化乡村矛盾纠纷的排查与预警。运用大数据可以充分对接各种资源，通过人工智能对矛盾纠纷数据进行深度挖掘与分析，做到提前感知，发现矛盾源头，并予以及时应对。如湖南省在新冠肺炎疫情期间利用数字技术创新了乡镇矛盾纠纷信息整合与共享平台的建设，有效收集诸多矛盾纠纷信息，充分缓解诉讼压力。当然，要想真正发挥矛盾纠纷信息整合与共享的作用，仅靠建设平台也是难以实现的。平台的信息源于各责任主体，特别是矛盾纠纷防范主体的支持，为此一套规范的纠纷排查信息收集录入标准必不可少，将有效提升矛盾纠纷整合与共享信息的精确程度。具体而言，各类矛盾纠纷防范主体要在规定的时间内及时详细录入排查到的村民间的矛盾纠纷信息，特别是涉疫矛盾纠纷的类型、级别、处理情况等，力求录入信息的真实、准确、及时。

（三）强化矛盾纠纷的诉前分流

虽说村民们的权利保护意识和将纠纷诉诸人民法庭的需求日渐增强，但考虑到人民法庭案多人少的现状，调解、公证等替代性纠纷解决方式的高效与可适用度，以及乡村矛盾纠纷的特点，调解等其他纠纷解决方式是必不可少的。

首先，可以对乡村多发和频发的矛盾纠纷进行分析研判，根据案件类型及复杂程度，选择依托人民调解、行政调解、行业调解、工会调解、律师调解等开展多元解纷，通过在线调解等方式，确保乡村纠纷的多元高效解决。其次，强化公证在乡村多元解纷中的作用。公证的突出优势除了纠纷预防外，还起到疏减法院诉源、参与司法辅助事务的作用。具体而言，可以利用互联网技术宣传推广公证的证明、提存、保管、赋强公证等多种公证服务手段，避免纠纷、化解争议；尽量选择网络赋强公证的方式赋予调解协议强制执行力，保证调解结果的安定性，避免出现因当事人反悔导致诉前调解失败的情况发生；完善公证参与司法辅助事务的机制[①]，将公证运用到执行、送达、取证、保全等环节，减少司法成本，提升解纷效率。如河北廊坊近年来形成了诉前调解、特邀调解员、志愿调解、巡回调解、非诉调解协议司法确认等十大机制，推动诉讼调解与人民调解的衔接；河北兴隆法院在行政调解与诉讼调解的衔接方面试行行政协调联络员制度,通过建立“一网、三访、四协调”机制搭建行政协调平台，促进司法行政良性互动。[②]

[典型案例]

甘肃礼县沙金乡高位推动矛盾纠纷排查调处工作，三级联动、部门联动、及时化解矛盾纠纷

为喜迎党的二十大胜利召开，沙金乡党委、政府以创建平安礼县为主线，以维护人民群众利益为根本，紧紧围绕维护社会稳定这个大局，全面落实社会治安综合治理责任制，坚持“预防为主，教育疏导，依法处理，防止激化”的原则，认真开展矛盾纠纷排查调处工作，全力维护社会和谐稳定。

高位推动，精心组织。沙金乡高位推动矛盾纠纷排查调处工作，构建“党委领导、部门联动、社会参与、齐抓共管”的“大信访”格局，树立“以人民为中心”的鲜明干事导向。成立了沙金乡矛盾纠纷排查化解工作领导小组，全乡 13 村建立

① 湖南省成立了湖南省首家诉源治理赋强公证工作室，还与长沙市华湘公证处合作院建立了法院司法辅助中心。

② 梁平:《“大调解”衔接机制的理论建构与实证探究》，载《法律科学》，2011 年第 5 期。

了179个“十户联防”网格，形成了乡村组户四级网格化矛盾纠纷排查管理机制，开展矛盾纠纷排查化解调处业务培训1次，培训人民调解委员会成员60余人，做到明职责、精业务，全力做好矛盾纠纷排查调处工作。

分析研判，分类处理。畅通乡、村、组三级信访渠道，紧盯信访重点、难点、堵点问题，努力做到减存量、遏增量、防变量、提质量，做到“三个不发生”。乡、村、组三级联动抓早、抓小、抓苗头，实行村每周、乡每半月开展一次矛盾纠纷排查，定期召开信访联席会议，组织力量对各村摸排上报的矛盾纠纷线索进行汇总分类，对带有疑难性、复杂性和常年上访积案，易致命案发生的矛盾纠纷进行深入分析研判，严格落实重点案件“一个案件、一名领导、一套班子、一个方案、一抓到底”的“五个一”领导包案责任制，制定可行有效的调处方案。

部门联动，及时化解。沙金乡组织乡政法力量、综治中心、司法所、派出所等各部门，组建工作专班，对掌握的4起矛盾纠纷进行调处化解，对2起因感情引起家庭矛盾的重点纠纷组织专班深层次调处化解，通过警示教育、亲友劝解、讲道理、讲法律等多形式成功调处化解。沙金乡把群众来信当家书、把来访群众当家人、把群众难事当家事，千方百计为群众排忧解难，做到小事不出组，大事不出村，难事乡镇终结，矛盾不上交，及时妥善解决到位，实现零积案，全面提升基层治理水平，维护全乡社会大局和谐稳定。

（资料来源：沙金乡三级联动 多元化解 做矛盾纠纷调处“贴心人”，https://mp.weixin.qq.com/s/YiD7FsQuv58fRJAMLznRtQ。）

（四）聚合多方力量联动化解乡村矛盾纠纷

首先，在搭建乡村在线解纷平台时要多注重调解与诉讼、仲裁、公证等解纷机制之间的合理衔接，尤其是要注重解纷平台与人民法庭间的诉调对接。在诉前充分利用调解、公证等制度优势外，还要加强调解的司法保障，优化调解与司法确认程序的对接，以保障后续调解协议的履行。尤其是在线上解纷的过程中，调解员要积极引导当事人线上申请司法确认，在庭前调解中当事人可以直接向法庭提出司法确认，法官当庭确认；若是事后申请司法确认，法院可采用“在线审查+电子送达”的方式，对司法确认案件全程网上办理，提高效率。其次，聚合多方力量化解纠纷。鉴于基层矛盾纠纷类型复杂多样，涉及范围较广，小到家长里短、邻里关系，大到房屋拆迁、土地争议，在具体解纷过程中可以加强与部门和行业的合作。比如浏阳基层人民法庭在解决村民劳动争议时，与劳动仲裁部门沟通协作，协力化解矛盾突出的劳动报酬追索等案件。此种协作解纷的方式同样可以运用到日常矛盾纠纷的预防与化解中。如与信访部门合作，将信访过程中发现的矛盾纠纷及时转交至法院进行解决，以避免复杂群体性纠纷的出现；与社区、妇联等部门加强合作，及时解决婚姻家庭纠纷、邻里纠纷等。

（五）建立在线多元解纷一体化平台

解纷一体化平台可以大幅提升解纷质效。具体操作中可以将乡村人民调解、人民法庭的司法调解、行政调解、仲裁调解等各类解纷资源进行整合衔接。各类解纷资源经过数字平台赋能（人工智能机器人、解纷工具、解纷专家助手、智能分案机制、学习培训等），实现乡村全域全时段“7×24”为村民提供在线法律咨询、预判评估、在线调解、在线仲裁等“一站式”服务，促进矛盾纠纷及时有效多元化解。如，山西省高级人民法院与省司法厅、公安厅等共同开发了在线多元解纷平台，为纠纷当事人提供了便捷高效的解纷途径。

[典型案例]

山西省高院、公安厅、司法厅共同开发、搭建、应用的多元解纷一体化平台正式亮相

山西省在全国首次实现人民法院调解平台、公安掌上派出所、司法行政机关智慧调解服务系统三大平台之间的互联互通、联动联调有效推动社会治理和服务重心向基层下移，创新多元解纷“山西模式”，打造出共建共治共享的基层社会治理新格局。

近年来，山西省法院、公安、司法行政机关分别建立的矛盾纠纷化解工作平台在维护群众权益上发挥了积极作用。山西省高院作为省委平安建设领导小组社会矛盾化解专项组的牵头单位，在组织25家成员单位推进多元化解过程中，意识到打破三大平台的信息壁垒，将有效提升矛盾多元化解的整体性、协同性和精准性，达到1+1+1>3的效果。

山西省高院“主动出击”，确立“整合资源、打破壁垒、共建平台”工作思路，联合省司法厅、省公安厅共建多元解纷平台，深化问题联治、工作联动、平安联创，推动建立“政务网+基层社会治理”多元解纷新模式。

当前，以“全流程再造、全平台贯通、全天候服务”为核心内容的多元解纷平台借助“互联网+”打破信息壁垒，融合平台优势，实现了人民法院、公安机关、司法行政机关平台互联、数据互通，也让人民调解、行政调解、司法调解实现了无缝对接。

这样一来，三部门形成了一个信息互通、工作互联、资源

互享的有机整体，在提升矛盾纠纷化解及时性、有效性和可预期性的同时，推动了矛盾纠纷高效化解。

目前，山西省高院、省公安厅、省司法厅已经联合出台《多元解纷平台应用工作机制》《多元解纷平台对接应用方案》《多元解纷平台对接业务规范指引》《多元解纷平台对接技术规范指引》等多个规范性文件，明确了三个平台之间的流转机制、流转流程、流转渠道，细化分解了各方职责任务，其中法院委托智慧调解的11类纠纷、法院预警的9种情形、公安提示矛盾的5类纠纷，在“推出去”“接进来”过程中实现流程循环再造，做到全面“查”、精准“控”、长效“治”、智慧“防”。

过去，三个部门分别在各自的平台上化解矛盾纠纷，受众和适用范围有一定的限制。如今，三部门携手，整合出多元解纷“一张网”，133个法院、1398个司法所、1500余个派出所共同汇聚能力和智慧化解矛盾纠纷。

这个网上一体化多元解纷联动机制，更好地满足了人民群众对于便捷、高效化解矛盾纠纷的新要求，为深入开展“三零”单位创建、有效化解社会矛盾提供了有力的科技支撑。同时，将各政法机关的司法服务有机嵌入基层社会治理体系，走出了一条政法机关参与社会治理的新路子，是社会治理体系和治理能力现代化的有益探索实践。

（资料来源：多部门联动，合力化解纠纷！山西推出全国首个多元解纷平台！https://mp.weixin.qq.com/s/_64gWFr3l0Yozjn2puPwKw。）

第三节　数字赋能乡村公共法律服务

一、乡村公共法律服务的现实状况

（一）国家战略

长期以来，我国的城镇和乡村一直保持着二元对立格局，城市的经济发展和公共服务等相对处于明显的高水平阶段。由于经济水平、地理因素、人文环境等多重因素的客观限制，乡村公共法律服务一直处于供需不足的状态。在全面推进依法治国的当下，乡村法治建设俨然已经成为明显的“短板”，直接影响着法治中国建设的总体进程。

伴随着社会主义市场经济的深入推进，人民群众的交易习惯逐步渗透到日常行为方式之中，导致传统的“乡土中国”色彩逐渐褪去，乡村社会结构和生活秩序发生了明显的转变，传统乡村中普遍存在的“熟人社会”已经转变为“半熟人社会”的形态。[①]与之相对应，日常生活中人民群众的生活理念和方式也发生了显著的变化，基于传统熟人社会产生的传统法律供给难以有效应对日趋多样、复杂的需求，法律手段逐渐成为民众维护自身权益的重要选择。

中国共产党的初心和使命就是“为人民谋幸福,为民族谋复兴”,“人民群众对美好生活的向往就是我们的追求的目标”。及时为乡村社会的人民群众提供相应的服务无疑也是基层政府的目标，更是“全心全意为人民服务”初心使命的重要体现。正如党的十九大报告所强调的,“当前社会的主要矛盾已经转化为人民日益增长的美好生活需要和不平衡不充分的发展之间的矛盾”。[②]具体到乡村社会之中，持续推进的法治建设活动并未与人民群众日益增长的法律服务需求实现良好对接，导

① 董磊明、陈柏峰、聂良波:《结构混乱与迎法下乡——河南宋村法律实践的解读》，载《中国社会科学》，2008 年第 5 期。

② 习近平:《决胜全面建成小康社会 夺取新时代中国特色社会主义伟大胜利》，载《人民日报》，2017 年 10 月 28 日。

致国家开展多年的法治建设过程中所提供的公共法律服务距离乡村社会人民群众的需求仍有距离。

正是在上述背景下，一些地方大胆改革、先行先试，根据本地区的客观实际，积极探索乡村社会公共法律体系建设的新路径。例如，2011 年江苏省第十二次党代会明确作出“加快构建覆盖城乡的公共法律服务体系”的战略部署；[①]2013 年浙江省司法厅出台了《关于推进城乡基本公共法律服务体系建设的指导意见》，对推进城乡基本公共法律服务体系建设提出了明确要求和具体任务安排。[②] 司法部在考察和总结各地区探索实践状况的基础上，总结成熟经验，于 2014 年发布了《关于推进公共法律服务体系建设的意见》，明确提出包括提升乡村在内的公共法律服务体系建设六个方面的主要任务。2014 年，党的十八届四中全会以“依法治国”为主题，围绕“建设中国特色社会主义法治体系，建设社会主义法治国家”这一依法治国的总目标作了部署安排，为法治中国建设路径指明了方向，《中共中央关于全面推进依法治国若干重大问题的决定》明确提出“完善城乡全覆盖、全民共享的公共法律服务供给机制”[③]。在国家战略指引下，贵州和吉林等地分别从人才和经费等维度持续发力，深入推动乡村公共法律服务的供给，取得了显著的成效。[④] 为了持续深入推进基层社会建设，提高基层治理水平和能力，2021 年中共中央、国务院出台《关于加强基层治理体系和治理能力现代化建设的意见》，并在其中再次强调“完善基层公共法律服务体系，加强和规范村（居）法律顾问工作”。[⑤] 一系列重要文件的出台，足见国家层面对于加强乡村公共法律服务建设问题的高度重视，而且，通过明确具体措施，体现出乡村公共法律服务体系建设既要注重法律服

① 许同禄：《深入推进公共法律服务体系构建》，载《中国司法》，2013 年第 5 期。
② 《浙江省司法厅出台推进城乡基本公共法律服务体系建设指导意见》，载《中国司法》，2013 年第 12 期。
③ 《中共中央关于全面推进依法治国若干重大问题的决定》，载《人民日报》，2014 年 10 月 29 日。
④ 《农村空心化趋势下如何开展公共法律服务》，载《法治日报》，2021 年 9 月 19 日。
⑤ 《中共中央国务院关于加强基层治理体系和治理能力现代化建设的意见》，载《人民日报》，2021 年 7 月 12 日。

务的供给，还要进一步凸显其在乡村法治建设与乡村治理中的重要地位和价值。

（二）现实情况

不可否认，在依法治国进程不断加快推进的背景下，尤其是党的十八大以来依法治国战略的深入推进，乡村公共法律服务状况已出现了较为明显的改善。但是伴随着改革进入深水区，社会发展加速转型，乡村公共法律服务在实践过程中仍有不省现实困境和难题，阻碍乡村公共法律服务水平的快速提高。当然，在诸多影响因素中，有些是属于乡村社会的整体性原因，有些则是属于公共法律服务特殊问题的原因，但这两类因素共同作用于乡村社会这一特殊场域，才最终表现出乡村社会公共法律服务问题的特殊性。

1. 社会结构转型导致公共服务需求转变

众所周知，经济基础决定上层建筑，社会结构的深刻变化，会直接导致国家和社会治理模式等一系列的变革。正如前文所述，伴随着市场经济的飞速发展，传统乡村社会中具有浓厚“乡土中国”色彩的“熟人社会”正在逐渐瓦解。公共法律服务作为社会治理的重要组成部分，服务质量会直接影响社会治理的效能。[①]这也就意味着，在“熟人社会”逐渐解体的背景下，包括公共法律服务在内的社会治理模式也应作出相应调整。此处需要明确的是，社会结构的转型并非一蹴而就，此过程较为缓慢，甚至可能出现反弹。研究表明，当前社会正在从“熟人社会”向“半熟人社会”转变。在城镇化进程推进较快的地区，表现出明显的陌生人社会的特征。与之相对应，乡村的生活方式表现出显著的稳定性，尽管传统的生活习惯逐渐被打破，包括邻里在内的熟人关系逐渐在市场因素侵扰下表现出更为明显的“理性人”色彩，但

① 李建伟等：《乡村治理现代化：进展、问题与建议》，载《社会政策研究》，2019 年第 4 期。

现代化的法治思维尚未完全普及，可以说乡村社会表现出兼具传统和现代的矛盾状态。一方面,越来越多的乡村居民具备了初步的法治意识，开始强调纠纷用诉讼手段解决。另一方面，出于对法律的敬畏和对程序的隔离，在乡村社会环境中，部分民众仍保留着些许“厌讼”思维，面对邻里等纠纷不寻求法律手段解决，在用尽传统手段的情形下，最后才选择法律手段。

综上可见，乡村社会既呈现出对于传统治理模式的坚守，同时也出现了法治意识的觉醒，越来越多的民众意识到法律手段解决纠纷的重要性，在此矛盾状态下，为了保证法律能够在乡村民众需求的情况下“在场”，需要为其提供必要的公共法律服务，以满足其客观需求。但乡村公共法律服务效率低下、难以满足需要的现实困境。

2. 多元主体协同困难影响服务质量

多元主体协同是社会治理的重要特征，它要求进行社会治理的过程中,在政府的主导下,社会组织和民众共同参与到社会治理的过程中。其实，近些年国家在推进国家和社会治理体系和治理能力现代化进程中不断强调的“共建、共治、共享”的理念，以及在此基础上强调的人人有责、人人尽责、人人享有的社会治理体系建设，都渗透着明显的多元协同的思维。[1] 具体到此处讨论的乡村公共法律服务问题，由于乡村社会的法律需求较为复杂多样，既包括民众的日常生活问题，也涉及较为专业细致的土地承包等特殊领域问题，表现出显著的专业性和复杂性，这也就对公共法律服务主体的能力和水平提出了较高的要求，其既需要专业的法律知识，又需要深谙乡村社会民众的生活习惯，单靠某一单一主体无法为乡村社会提供全面周到的公共法律服务，相关社会组织和民众的广泛参与必不可少。比如，律师可以为乡村民众提供高质量的法律服务，来源于乡村社会的基层法律服务工作者可以

[1] 夏锦文:《共建共治共享的社会治理格局：理论构建与实践探索》，载《江苏社会科学》，2018 年第 3 期。

基于乡村社会的生活习惯提供针对性的解决方案，德高望重的乡贤也可以根据乡村社会的具体问题发挥关键性的作用，多元主体协力提供高质量法律服务。

3. 供给模式单一影响服务质量

公共法律服务的供给模式会直接影响服务的质量，如果采取的模式得当，可能会起到事半功倍的作用。在传统的公共法律服务供给过程中，模式过于单一，通常采取的是自上而下的科层制管理模式，单纯地根据上级部门的部署提供公共法律服务，无法实现供给和需求的精准匹配。而且，政府部门所提供的公共法律服务表现出明显的滞后性缺陷。具体而言，传统的公共法律服务供给模式中，往往是根据上级部门的统一部署安排，为各乡村提供统一的公共法律服务，无法针对不同地区、不同乡村的客观情况有针对性地提供法律服务。不难理解，不同地域民众的生活方式和行为习惯会表现出显著的差异性，公共法律服务需求自然也会有所不同。如果不作区分地提供公共法律服务，做不到公共法律服务的精准化，很难起到明显的作用，往往是投入了大量的人力、物力和财力，但最终却收效甚微。此外，传统模式下，往往是暴露出一些典型问题之后，才相应地提供公共法律服务。在此状态下，和谐稳定的社会状态已经被破坏，这说明所提供的公共法律服务表现出明显的滞后性。

二、数字赋能乡村公共法律服务的显著优势

大数据在数据采集和处理方面具有典型优势，有研究者将其概括为“4V”。[①] 通过将包括人工智能在内的数字技术运用到乡村公共法律服务过程中，不仅能够发挥数字技术在信息采集、统计分析等方面的

① 唐跟利、陈立泰：《大数据驱动区域公共服务一体化：理论逻辑、实现机制与路径创新》，载《求实》，2021年第5期。

显著优势，还能为乡村公共法律服务提供良好的应用平台，从而推动乡村公共法律服务质效的提升。

（一）国家加快推进数字技术建设的整体规划

伴随着技术革命的兴起，人类社会逐步进入了信息化时代。大数据、人工智能、区块链等数字化技术蓬勃发展，数字技术成为推动包括经济发展在内的社会发展的主导力量，推动着国家治理手段的变革，通过技术赋能推动国家社会关系转型升级的同时[①]，也为乡村公共法律服务提供了新动能。而且，数字技术以其独特的优势，可以有效突破传统乡村公共法律服务过程中出现的诸多困境。在当前数字技术飞速发展的大背景下，农村公共法律服务必须依托大数据技术，打造出更加方便、快捷的新方式，通过探索“大数据 + 公共法律服务”，才能实现服务模式的顺势革新，进而使所提供的公共法律服务更加符合乡村社会民众的新需求。因此，我们可以预见到，数字技术的飞速发展，必将推动乡村公共法律服务建设进入新阶段。

在数字化技术飞速发展状态下，数字治理因其内在逻辑和运行模式契合了大数据时代的治理特征而受到党和国家的格外重视。党的十九大报告也提出，要打造科技强国、数字中国和智慧社会等战略目标，为包括公共法律服务在内的乡村社会治理提供了明确的方向指引。2022 年 2 月 22 日，《中共中央 国务院关于做好 2022 年全面推进乡村振兴重点工作的意见》发布。文件第 24 条明确指出，要大力推进数字乡村建设，以数字技术赋能乡村公共服务，着眼解决实际问题，加快推动数字乡村标准化建设。[②] 而且，在 2022 年 6 月 22 日司法部召开的全国司法行政系统“乡村振兴 法治同行”活动暨公共法律服务体系建

① 孟天广、王烨：《基于大数据的社会治理创新：地方实践与治理效能》，载《广西师范大学学报（哲学社会科学版）》，2021 年第 1 期。

②《中共中央国务院关于做好二〇二二年全面推进乡村振兴重点工作的意见》，载《人民日报》，2022 年 2 月 23 日。

设视频推进会上，又再次强调“要推进乡村公共法律服务网络全覆盖，持续加强基层公共法律服务实体平台建设，推进司法所规范化建设，深入推进线上线下融合发展”。[①]

（二）数字技术有效改善公共法律服务模式

在信息技术飞速发展的时代，互联网、人工智能、区块链等数字技术的发展日新月异，改善和重塑人民群众的日常生活理念和方式。数字技术以其特有的运作逻辑，可以突破传统的乡村公共法律服务模式和机制，对乡村公共法律服务的方式进行彻底的改革。数字技术应用于乡村公共法律服务的大致路径是通过开发公共法律服务平台建设，依托数字技术“连通、共享与融合”的架构，实现乡村公共法律服务相关信息的数字化，并通过将多个数据接口的联结，将乡村公共法律服务相关的数据进行整合，进而形成综合服务平台中数据的集成，并实现数据在不同部门之间的共享，从而推动乡村公共法律服务的整体联动。

（三）数字技术快速提升公共法律服务质效

传统治理模式下，基层政府所提供的公共法律服务一直存在供给和需求之间的矛盾，最终导致越投入资源越远离公众需求，最终造成形成空转和资源浪费。[②]通过横向比较传统治理基层社会治理模式下乡村公共法律服务模式和现代社会中通过借助人工智能等数字技术手段的治理模式可以发现，依托数字化技术手段进行的乡村社会治理，可以有效地提高乡村社会治理的质量和效率。[③]比如，在传统社会的乡村

[①]《加快推进现代公共法律服务体系建设 为全面推进乡村振兴提供有力法律服务和法治保障》，载《法治日报》，2022年6月23日。

[②] 范黎波等：《基层治理的困境及对策——基于内卷化的研究视角》，载《行政管理改革》，2021年第11期。

[③] 王欣亮等：《大数据驱动新时代乡村治理的路径构建》，载《中国行政管理》，2018年第11期。

公共法律服务中，更多是采取自上而下的供给路径，为乡村民众提供法律宣传等公共法律服务，暴露出明显的供需矛盾问题。但是，在依托数字化技术平台，通过人工智能技术进行公共法律服务相关信息的智能化采集，并通过智能化手段统计、分析乡村社会中民众的公共法律服务需求，进而采取有针对性的服务措施，呈现出的是自下而上的供给模式，能够有效推动公共法律服务的供需均衡。

数字技术的应用可以推动公共法律服务的下沉。因为伴随着社会治理现代化战略的推进，治理的中心下沉到基层社会渐成共识。受多重因素的限制，传统的公共服务一直存在悬浮的困境。[①] 公共法律服务作为推进基层社会治理的重要环节，也需要实现服务重心向基层社会下沉。通过数字技术的应用，可以有效突破传统公共法律服务下沉到乡村社会中的困境。这在很大程度上，也可以推动乡村社会公共法律服务的质效。

三、数字赋能乡村公共法律服务的优化路径

数字赋能乡村公共法律服务的主要路径是发挥数字技术的显著优势，克服乡村公共法律服务所表现出的困境，亦即以数字技术之“长”补足乡村公共法律服务之“短”，最终实现乡村公共法律服务水平和能力的显著提升。囿于数字技术尚且处于蓬勃发展阶段，在发展过程中也暴露出了一定的缺陷和不足，为了防止数字技术应用于乡村公共法律服务过程中为其增添新的问题，在数字赋能乡村公共法律服务过程中，有必要首先防范数字技术本身的缺陷。而后，再分析如果通过数字技术的应用推动乡村公共法律服务水平和提升路径。当然，在发挥数字技术的显著优势赋能乡村公共法律服务的过程中，要摒弃“数字

[①] 李利文、王磊:《公共服务下沉创新：理论框架、实践样态与支撑逻辑》，载《新视野》，2021 年第 6 期。

万能”的不当思维。乡村社会的治理是一项复杂的系统工程，数字技术在一定程度上推动乡村公共法律服务水平的提升，一些问题被乡村社会治理中的深层次原因所限制，需要综合其他手段才能彻底解决。

（一）加快智能化平台建设

数字技术应用于乡村公共法律服务领域，需要依托智能化平台开展公共法律服务。智能平台建设的状况直接关系到数字技术能否真正助力乡村公共法律服务领域，可以说是决定数字技术能否真正赋能乡村公共法律服务的关键性前提。由此可见，数字技术平台已经成为连接公共法律服务不同主体的“接点”[①]。在改善数字赋能乡村公共法律服务状况的过程中，需要加快推进智能化平台的建设。

由于公共法律服务体系建设是一项投入很大的工作，数字技术平台的建设受到经济投入力度的直接影响。目前，关于乡村公共法律服务的数字技术平台建设出现地区分布不均衡的状态。不同发展水平的城市以及城乡之间都表现出明显的差异。城市的公共法律服务资源相对充裕，农村的公共法律服务资源相对稀缺。城市与城市之间的经济发展水平和投入力度的差异，也直接决定了大城市的公共法律服务设施普遍比中小城市好，中小城市普遍比乡镇好。乡村之间，经济条件、基础设施相对较好的乡村，公共法律服务整体发展保持相对领先态势，村级公共法律服务设施则相对落后一些，偏远的乡村地区数字技术融入乡村公共法律服务的进度更为滞后。[②]

在数字技术能够有效赋能乡村公共法律服务已成共识的情况下，各地区有必要根据本地区的客观实际，大力推进数字化技术的投入。通过数字技术应用于乡村公共法律服务，既能够科学地分析出不同地

① 关于数字治理中的接点平台问题的讨论，参见李全利、朱仁森：《打造乡村数字治理接点平台：逻辑框架、案例审视与联动策略》，载《学习与实践》，2022年第3期。

② 刘淑春：《数字政府战略意蕴、技术构架与路径设计》，载《中国行政管理》，2018年第9期。

区乡村公共法律服务的现实需求，避免长久以来各地政府单纯地凭借经验主观评估民众的公共服务需求所导致的供给“短缺”和“过剩”并存的乱象[①]，进而实现科学精准为不同乡村、不同群体提供有效的公共法律服务。

（二）注重线上线下同步推进

受当前乡村社会基本状况的限制，通过数字技术推动乡村公共法律服务建设的过程中不宜走“一刀切”的发展路径。根据最新发布的《中国乡村振兴综合调查研究报告（2021）》显示，农村人口老龄化现象日益显著。从调查样本情况来看，全体人口中60岁及以上人口的比重达到了20.04%，65岁及以上人口的比重达到了13.82%，完全达到了“老龄化社会”的标准，并非常接近“老龄社会”标准。再从农村人口的教育水平来看，15—64岁的劳动年龄人口中初中教育程度的占主体；15岁及以上人口中文盲率高于全国水平近2个百分点；18—22岁高等教育适龄人口的高等教育毛入学率低于全国水平近9个百分点。这也就直接决定了农村社会技术手段的应用能力。进一步具体到数字技术接入工具问题上，以农村人口使用手机状况为例，农村人口手机使用呈现出明显的群体分化。手机使用与农民年龄、文化素质等密切相关，82.20%的农民能够使用智能手机，50岁以上农民占不使用智能手机群体的97.05%，初中以下受教育程度者占仅用手机接打电话群体的90.19%。无智能手机的受访农户，其家庭成员以50岁以上老人为主，留守群体特别是老龄群体对手机功能的适应能力不足，较少接触到数字红利。为了防止因为数字技术使用能力差异所导致的新的二元结构，在推进数字赋能乡村公共法律服务的过程中，需要照顾到数字技术使

① 唐跟利、陈立泰：《大数据驱动区域公共服务一体化：理论逻辑、实现机制与路径创新》，载《求实》，2021年第5期。

用能力不高的特殊群体[①]，由此才能满足党的十八届三中全会所提出的“推进国家治理体系与治理能力现代化”总目标过程中所要求的“加快推进基本公共服务均等化”的具体要求。

在推进数字赋能乡村公共法律服务的过程中，应当着力打通线上和线下两条服务路径，建立线上线下联动的服务机制。既要排除线下公共法律服务的运行障碍，提高线下公共法律服务的质量和水平，推进公共法律服务站点建设，为乡村社会中的特殊群体提供法律援助、普法教育等公共法律服务。同时，也要顺应数字技术飞速发展的新趋势，发挥现代化数字技术的显著优势，推动数字技术与公共法律服务的深入融合，通过公共法律服务平台建设推动线上公共法律服务能力。

（三）注重多元主体的协同共治

社会治理现代化本身包含着多元主体协同的因子，这也是驱使“社会管理”迈向“社会治理”的一项关键性推动因素。[②]受传统治理手段在时间和空间等方面的限制，可以说，多元主体的协同共治并未达到理想的效果。但数字技术的应用可以有效突破上述限制，真正实现多元主体协同共治效能的提升。

但是，为了克服数字技术应用过程中多元主体协同过程中的现实阻碍，有必要打破不同主体之间的技术限制。因为，数据互联互通不充分是政府数字化转型的突出问题，跨层级、跨地域、跨系统、跨部门、跨业务存在大量信息孤岛是数字政府建设的瓶颈，表现在横向上部门系统、市县系统之间存在各种各样的“护城河”“防护栏”，纵向上垂直部门之间存在大量“信息烟囱”“隔离带”。[③]具体到农村公共法律服务问题，应该在推动数据标准统一、保障数据安全的前提下，加

---

① 张丙宣、周涛：《智慧能否带来治理》，载《武汉大学学报（哲学社会科学版）》，2016 年第 1 期。
② ［英］格里·斯托克：《作为理论的治理：五个论点》，载《国际社会科学杂志（中文版）》，2019 年第 3 期。
③ 刘淑春：《数字政府战略意蕴、技术构架与路径设计》，载《中国行政管理》，2018 年第 9 期。

快推进与公共法律服务相关的不同业务部门之间数据的联通共享，真正建立回应性、责任性、及时性、无缝隙的农村公共法律服务大数据平台。在此基础上，通过把不同的公共法律服务主体统一到大数据平台上，在提供相应的公共法律服务过程中，便可以及时高效地开展工作，才能真正实现依托人工智能等数字技术手段，推动乡村公共法律服务的便捷化以及高效化。此外，为了进一步提升数字技术赋能乡村公共法律服务的质量，需要保证乡村公共法律服务提供主体本身的专业能力和水平。因为，服务人员力量不够和水平参差不齐一直是阻碍乡村公共法律的现实因素。受编制所限，基层司法所人手不足一直是制约基层司法行政工作良性发展的瓶颈因素，与司法所承担的繁重工作任务不相适应，专职公共法律服务从业人员稀缺。[①] 为了突破这一困境，同样需要进一步加大相关的资金投入和人员配备力度，在此基础上，才能有效吸引具备公共法律服务技能的人员积极投身于该项工作之中，也才能逐渐满足乡村社会日益增加的公共法律服务需求。

值得说明的是，在依托数字技术手段推进乡村公共法律服务中多元主体协同的过程中，需要明确参与公共法律服务的多元主体的角色。为了保障协同机制的有效运作，必须要发挥党和政府的统筹推动作用，但具体数据平台的搭建以及其他事务的处理，可以由具体的参与人员负责实施。为了防止职能错位，重蹈基层社会管理的覆辙，提供乡村公共法律服务的政府部门一定要实现角色的重塑和理念的革新。[②]

---

① 张丙宣、任哲：《数字技术驱动的乡村治理》，载《广西师范大学学报（哲学社会科学版）》，2020 年第 3 期。
② 蒋银华：《政府角色型塑与公共法律服务体系建设——从“统治行政”到“服务行政”》，载《法学评论》，2016 年第 3 期。

第四节　数字助力人民法院在乡村发挥效能

一、人民法院在乡村的现状

我国的人民法院多设在城市，不便于村民快速、便捷地接近司法，也不便于人民法院深入基层及时化解矛盾纠纷，故其主要是通过基层人民法院在乡镇等地设立的人民法庭发挥在乡村中的作用。所以，人民法庭也就处在推进社会治理最末梢和服务乡村振兴的最前沿，承担着化解矛盾纠纷、维护基层社会稳定、保障和促进社会公平正义的重要职责。截至 2021 年 8 月，全国共有 6201 个实际运行的乡村法庭，约占全国实际运行法庭的六成以上，并且，截至 2022 年 5 月，全国人民法庭的法官共有 19274 人[①]，但是，我国目前有几十万个村级单位、数万乡镇、近 5 亿乡村人口。所以，在乡村的司法资源配置明显具有供不应求的特征。乡村人民法庭不仅是数量不多，而且部分乡村人民法庭的设置和布局已经滞后于新形势、人员配备不足、人才流失、法官断层以及基础设施设备投入使用时间较长，残旧坏损情况比较普遍。在此背景之下，2021 年 9 月 15 日，最高人民法院发布的《关于推动新时代人民法庭工作高质量发展的意见》为提升人民法庭的工作效能指明了方向，第一，坚持目标导向，以“三个便于”努力实现人民群众对司法公平正义的更高期待；第二，坚持战略导向，以“三个服务”紧紧围绕党和国家工作战略重心转移；第三，坚持问题导向，以“三个优化”积极回应人民法庭发展中存在的困难。

与此同时，部分地区采用了多种方式提升法院在乡村司法服务中的能力，并取得了一定的效果。如四川法院在人员配置上重心下移，确保每个法庭至少有 1 名员额法官，鼓励年轻干警到人民法庭锻炼，

① 全国人民法庭信息网，https://rmft.court.gov.cn/0/index.jhtml，最后访问日期：2022 年 5 月 18 日。

杜绝法庭“空心化”，让法庭成为审判人才的成长地、“练兵场”等，或如杭州法院在不增编、不建房的情况下，利用互联网、云计算等科学技术，在镇街、村居设立 2884 个“微法庭”，将调解指导、纠纷化解、线上诉讼、普法宣传等司法服务送到群众家门口。[①] 当然，在各地的努力下，人民法院在乡村中的效能也得到了巨大的提升，如福建全省 90 个人民法庭与“一站式”服务平台对接，打通了司法服务人民群众“最后一公里”，使人民群众的获得感、幸福感和安全感不断增加。再如，辽宁省实际运行的 247 个人民法庭中，有 88% 配备了科技法庭，97% 实现了左看右写、类案检索、类案智推、裁判文书智能生成和自动纠错功能，93% 具备庭审互联网直播能力，92% 配备安防监控系统，全面建成覆盖人民法庭案件的信息资源数据库。但就全国的情况而言，人民法院在乡村中依然存在“能力水平不足、发展不平衡、服务乡村振兴和基层治理作用发挥不够等问题”。

第一，数字化的司法服务平台在人民法院的实用性不足。数字化的司法人工智能意在减轻法院的负担、提升工作效率，所以这些数字化的司法服务平台的应用应当受到各乡村法庭的“追捧”。但事实上是有些数字化的司法服务平台远远没有得到各法院以及法官欢迎，甚至某些数字化的司法服务平台的使用频率甚至“不升反降”。[②] 因此，部分数字化的司法服务平台不仅无法实实在在减轻法官的讼累，反而增加了法官的工作负担。如部分数字化司法服务平台华而不实，无法适应当下的司法实践需要。当下在农村，尤其是经济欠发达地区的边远农村地区，被执行人的财产形式多以实物、现金为主，所以此刻传统查控手段仍然是最为有效的措施，相反，数字化的司法服务平台的查

[①]《让“法治之花”在基层美丽绽放——全国法院推进人民法庭建设工作综述》，载《人民法院报》，2021 年 07 月 26 日。

[②] 叶燕杰：《智慧法院建设中的实践难题与破解路径——基于 B 市智慧司法实践的考察》，载《山东大学学报（哲学社会科学版）》，2022 年第 3 期。

控手段无法起到相应的作用。[①] 第二，数字鸿沟的存在导致村民无法享受到应有的数字红利。司法活动的数字化与智能化为社会带来了前所未有的数字红利，但同时也使得原有的“数字鸿沟”进一步扩大。受制于村民在获取、掌握和运用数字化工具参与司法活动能力的客观差异，该数字红利无法惠及每一位村民，这其中以“没有或不会使用智能设备的老年人、存在网络覆盖障碍的老少边穷地区以及因经济和教育原因无法享受现代数字化服务的村民”为主。[②] 第三，乡村司法服务的数字化程度有待加强。首先，部分地区领导干部对司法服务数字化发展的重视程度不足，还未深刻认识到数字化的发展对提升人民法院在乡村提升工作效能的重要意义。其次，部分地方无法提供充足的资源搭建数字化的司法服务平台，出现了资源配置短缺的问题。不论是搭建提供数字化司法服务平台的财政支撑还是相关人才的培养，部分地区都没有给予应有的支持。再次，部分地方重复开发提供乡村司法服务数字化平台，浪费了本就稀缺的资源。

二、数字提升人民法院在乡村工作效能的潜在优势

《中共中央关于制定国民经济和社会发展第十四个五年规划和二〇三五年远景目标的建议》明确提出要“加快数字化发展”，并对此作出了系统部署。而“加快数字化发展”也为人民法院提升其在乡村的工作效能、满足村民日益增加的司法服务的需求提供了新动能。总体来讲，数字化的发展使得诉讼程序更便民、更快捷，可在立案、调解、举证、庭审、执行等环节应用科技含量高的技术，实现跨域立案、在线立案、在线庭审，让当事人足不出户打官司或可运用智能咨询、类

① 谭世贵、王强：《我国智慧法院建设的实践、问题与对策》，载《杭州师范大学学报（社会科学版）》，2019年第6期。

② 宋保振：《“数字弱势群体”权利及其法治化保障》，载《法律科学》2020年第6期。

案推送、案例分析等帮助当事人形成诉讼的合理预期。具体而言，数字化发展对人民法院在乡村中的发展具有如下优势：

其一，数字化发展大力减轻了乡村人民法庭的工作负担，使乡村人民法庭的精力集中于化解纠纷。重庆市的相关数据显示，2018 年至 2022 年 3 月，全市人民法庭共受理一审民商事案件 44.6 万件，审结 43.7 万件，占全市基层法院民商事案件收结案数的比例分别为 21.3%、21.6%。年均收案 10.5 万件，审结 10.3 万件，人民法庭法官年人均结案数 336 件。在如此巨大的办案压力之下，人民法庭法官的时间需要被扣押、送达等各类事项大量占据。而数字化发展可以将法官从那些简单、烦琐的事项中解放出来，使得法官可将更多精力用于纠纷的化解。如，可运用智能语音识别、人工智能技术等替代传统的人工输入，减轻法官、审判辅助人员的办案负荷，或是可探索通过 OCR 自动识别和信息项智能回填、文书制作左看右写、简易文书智能生成等智能化辅助应用，提升办案效率。

[典型案例]

南京海事法院搭建船舶执行查控系统提升扣押效率

船舶司法扣押对保障海事案件当事人合法权益至关重要。船舶执行查控系统由船舶查询、船舶扣押、扣押回执、扣押跟踪、船舶动态五部分组成，既能满足审判业务部门在审案件船舶信息查询功能，也能实现船舶扣押对船舶动态掌控、法律文书送达的需要，让原先需要一天或数天才能完成的船舶扣押，只需短短几十秒即可在线“一键”实现。

（资料来源：江苏智慧法院建设白皮书（2018—2022）。）

其二，数字化发展打破距离的限制，助力人民法院深入参与基层治理。以往法院受制于距离等原因多是只能等到矛盾纠纷已经激化并诉至法院后才会通过诉讼介入化解矛盾纠纷，无法第一时间深入基层化解矛盾纠纷。但现在数字化发展则直接打破距离的限制，为人民法院提供深入基层的通道。

［典型案例］

宁波“线上法庭”赋能基层社会治理现代化改革

宁波法院以“浙江全域数字法院”改革和“未来智能法庭”建设为契机，利用数字化手段，全力延伸人民法庭职能触角。在宁波搭建的“线上法庭”是以人民法庭为中心，依托互联网技术，设置快捷解纷、司法协助、数据分析、法治宣传等功能模块，线上连接矛调中心、镇街村社、协会商会及调解员、网格员等组织和个人，具有全流程集约融合、多主体共享互助、多终端操作便捷等特点，助力基层治理社会化、法治化、智能化、专业化水平提升。目前，“线上法庭”已在全市范围内试点运行。其中快捷解纷功能模块通过“线上＋线下、咨询＋指导、调解＋确认”的方式实现了矛盾纠纷就地化解。具体而言，通过该模块，人民调解员可以发起在线调解，并邀请法官远程指导，达成调解协议后，还可申请在线司法确认。司法协助功能模块通过加强人民法庭与基层组织的双向互动充分延伸了司法的触角。即通过“线上法庭”的司法协助功能模块，法官可以发起由网格员协助送达法律文书、调解员协助调查等相关请求，也可以协调基层组织帮助老年人等特殊群体就近线上参与诉讼。

（资料来源：【数字化改革在行动】宁波“线上法庭”赋能基层社会治理现代化，https://www.thepaper.cn/newsDetail_forward_14412613。）

其三，数字化发展打通司法便民“最后一公里”，使村民更加便于获得司法服务。从立案、审判到执行整个诉讼阶段，村民需要到法院办理事项的次数很多时候都要有近十次，甚至是更多。如果遇上交通不便、疫情等情况时村民就更难以快速获得司法服务。但是，数字化的发展在不给村民和法院增加大量负担的情况下直接将司法服务送到村民的家门口。

[典型案例]

数字化改革打通司法便民“最后一公里”

浙江省余姚市人民法院在先行试点基础上开发的移动微法院实现了线上立案、提交证据、庭审、申请执行等多个诉讼环节，促进打官司从“让当事人跑”向“让数据跑”转变，可让群众打官司“最多跑一次”，甚至“一次都不用跑”。2017 年 12 月，余姚市人民法院就运用移动微法院一次性调解了 39 起追索劳动报酬系列案件，39 名劳动者领到了建筑公司拖欠达 5 年之久的工资，共计 126 万元。平阳县以“一屏、一线、一端”为标准配置的“共享法庭”实现了网上立案、案件查询、诉讼咨询、在线庭审、跨域开庭、申请执行、诉讼保全、文书送达等流程操作，使得老百姓可享受在“家门口”的诉讼服务和解纷服务，能够低成本、高效率地解决纠纷，实现解纷“最多跑一地”。数字化平台的搭建与实践为村民带来了实实在在的便利。如浙江省丽水市缙云县大源镇村民林某因为被拖欠工资，便向丽水市缙云县人民法院提起诉讼，并在镇上的共享法庭参与线上庭审，仅半小时就与被告达成了调解协议。事后，林某称赞道“本来我以为要坐车去县城，来回路上得花费4个多小时。没想到如今在家门口就能开庭，这真是为我们老百姓着想的好事情啊！”

（资料来源：系列案件：余姚法院运用宁波移动微法院实现39起系列案件一次性“打包”化解，http://www.zjcourt.cn/art/2020/10/22/art_472_22284.html。）

其四，数字化发展倒逼法官提升自我能力，为村民提供更为精湛的司法服务。数字化发展通过事理知识图谱、大数据、云计算、区块链、搜索引擎的构建和深度算法的应用，将大量的裁判文书以及资深法官的裁判经验转化为对司法的智力支持。但需要说明的是，人工智能也只能归纳出“普遍正义”，面对个案时很难作出符合“个案正义”的判断。因此也就需要法官提升自我修养，把握单个案件的不同之处，并作出最恰当的判断。中国裁判文书网、中国庭审公开网、审判流程信息公开网、中国执行信息公开网等数字化平台将司法透明度推向新高度。随着司法透明度的提高，社会等各方的监督也会更为全面，从而倒逼法官提升自我的业务能力。

三、数字提升人民法院在乡村工作效能的路径优化

经过总结与反思当前所面临的问题，具体可从以下方面着手运用数字支持人民法院工作效能的提升。

其一，以党的十九届五中全会精神为指引，全面提高搭建数字化司法服务平台的思想认识。认真学习贯彻党的十九届五中全会精神、习近平新时代中国特色社会主义思想，习近平总书记关于政法工作、网络安全和信息化工作的系列重要讲话精神和治国理政新理念新思想，充分认识到在践行数字中国战略的新形势下，大力推进数字法治、智慧司法建设的重要意义，紧紧抓住数字为司法服务的发展带来的新机遇、新动能，大力推进数字法治、智慧司法建设，不断提升人民群众在获得司法服务领域中的获得感、幸福感、安全感，打造党和人民满意的司法机关。

其二，弥补“数字鸿沟”，将“数字红利”惠及更多村民。首先，在村民中大力宣传数字化司法服务平台。村民在获取数字化司法服务平台的相关信息并应用的能力普遍不强，而宣传恰好可以弥补这一不足。因此，通过宣传增加村民对该类平台的了解与认识，可以引导更多村民通过数字化平台获得司法服务。其次，通过提供硬件设备并有专人进行操作的方式弥补“数字鸿沟”。此种方式弥补了村民缺乏相应的硬件设备以及操作能力跟不上的问题。当前，浙江省丽水市已经开始在人民法院、人民法庭、律师事务所以及乡镇街道、村委会和金融邮政服务网点等地专门设立供当事人线上参加异地庭审的场所，即“共享法庭”。每个“共享法庭”的服务点都有专门人员帮助当事人完成线上操作，其再也不用担心不懂操作而对线上庭审望而却步。“共享法庭”的设立尽可能让更多的群众享受到智能化建设带来的“数字红利”，避免在审判执行领域出现“数字鸿沟”。

其三，加快复合型人才的培养，夯实推进数字化司法服务平台建

设的人才基础。数字化人才是数字化的重要基础。搭建数字化司法服务平台的人员除了必须具备扎实的移动互联网、云计算、大数据等相关的技术基础外，还要了解、熟悉相关的司法实践活动。只有既懂数字化技术又熟悉司法实践活动的专业人才队伍，才能开发出真正解决司法实践问题的数字化平台。一要建立跨学科、跨领域的人才培养体系。具体而言，可丰富学校教育阶段的教学内容，其应包含法学、智能科学与技术等相关内容，或选调优秀专业技术人员，深入参与多次司法实践活动。二要健全人才选拔机制，建立人才流动机制，选调优秀专业技术和法学人才充实数字化司法服务平台的开发团队，合理配备专业技术和法学人才，建设结构合理的人才梯队。

其四，加大资源配置，统一搭建数字化司法服务平台。首先，提供足够的财政支撑，为建设数字化司法服务平台奠定坚实的物质基础，尤其是偏远的农村地区。具体而言，各地法院应积极寻求当地党政部门的财政扶持，或由中央政府采用财政转移支付或者设定专项财政资金建设数字化司法服务平台。其次，提供服务平台的基础条件。各乡镇人民法庭、村镇人民调解委员会、村民委员会等地可逐渐配备线上调解指导、调解培训、网上立案、在线诉讼、申请执行等功能的硬件与软件设备。此外，应加强对配置的硬件与软件的维护和管理，具体可从维护与管理的组织、管控、过程、资源四个方面入手，不断建立完善数字化建设项目后期运行和维护管理。再次，加强国家在搭建数字化司法服务平台时的领导作用，搭建全国统一的数字化司法服务平台。当前，部分地区在搭建功能重复的数字化司法服务平台，如辽宁搭建的“数智云庭”、余姚设立的“e 站人民法庭”以及网上“微法庭”等多个数字化司法服务平台在功能上存在重合。因此，应由国家层面的相关部门牵头，各地积极参与，逐渐搭建在全国统一运行的数字化司法服务平台。

第五章

数字支撑乡村守法

随着社会主义市场经济的发展和改革开放的不断深入，我国已经迈入了从农业型社会向工业型社会的转型阶段，我国传统乡村也逐步向现代乡村、数字乡村发展，但受到我国城乡二元结构的影响，法治化进程在城市和乡村还存在较大缝隙，乡村的法治化进程相较于城市较为落后，这也就影响了我国乡村法治化道路以及乡村振兴工作的建设进程，因此现今农村的法治化已成为乡村工作中的重点。

近年来，党中央也不断从顶层设计出发为乡村治理实践指明了方向。2018 年，中央 1 号文件提出："建设法治乡村。坚持法治为本，树立依法治理理念，强化法律在维护农民权益、规范市场运行、农业支持保护、生态环境治理、化解农村社会矛盾等方面的权威地位。"[①] 文件明确要求要强化乡村振兴的规划引领和法治保障；2019 年，党的十九届四中全会强调："必须坚定不移走中国特色社会主义法治道路，全面推进依法治国，坚持依法治国、依法执政、依法行政共同推进，坚持法治国家、法治政府、法治社会一体建设"[②]，乡村振兴纳入法治国家建

①《中共中央国务院关于实施乡村振兴战略的意见》，人民出版社 2018 年版，第 22 页。

②《< 中共中央关于坚持和完善中国特色社会主义制度 推进国家治理体系和治理能力现代化若干重大问题的决

设大局，在更高层面备受关注；2020 年 2 月，习近平总书记在中央全面依法治国委员会第三次会议上强调，加强法治乡村建设是实施乡村振兴战略、推进全面依法治国的基础性工作。[①]2020 年，中央全面依法治国委员会印发的《关于加强法治乡村建设的意见》提出，各地要把法治乡村建设纳入本省、市、县法治建设总体规划，扎实推进法治乡村建设。

在数字化发展、智能技术不断发展的背景下，在落实建设法治乡村把全面依法治国的基本原则、目标任务落实到基层的同时，必须不断提升基层治理的现代化水平，充分利用现代化数字赋能法治乡村建设的各个方面，推动涉农立法更有准度，涉农执法更有深度，涉农司法更有温度，守法乡村建设更有成效。

因此，现阶段要以规范守法乡村建设各相关主体的公权力运行和行使为根本前提，进而逐步实现对乡村村民的私权利放权，通过数字助力守法乡村建设的四个方面，即数字助力权利行使、数字强化义务履行、数字保障禁令遵守、数字提效法律宣教，在此过程中重点关注程序合法、数据安全、平等保护等问题，上述方面息息相关、环环相扣，共同为法治乡村建设的守法环节贡献智慧，以期实现守法乡村建设目标。根据整体规划，到 2035 年我国要基本建成法治乡村，在现代化数字的助推之下，一幅乡风文明、治理有效的乡村图景定将徐徐展开。

第一节　数字助力权利行使

一、增强法律效能，掌握运用法律武器

所谓法律效能，在法治乡村建设的语境下可理解为："法律给乡村

定 > 辅导读本》，人民出版社 2019 年版，第 14 页。

① 张勇、胡波、夏德强：《新时代眉山法治乡村建设的实践探索》，载《中国司法》，2022 年第 1 期。

人民所能带来的积极作用和意义”。由于我国城镇和乡村之间实行的是二元体制，城乡之间的发展存在一定差距，城乡居民的法律意识也存在着一定的差距。部分农民受制于受教育程度，对法律仅停留在字面意思的理解。同时，部分农民也认为法律遥不可及，与自己关系不大，并未深入地了解法律涉及的方方面面、自己不小心触及法律的底线却不知的现象时常出现，对于法律赋予自己的权利更是知之甚少。

由于部分村民不太知法、懂法，综合法律素质有待提升，所以法律效能也并未具体让村民切身深切感受过，村民享有的权利也大都并未切实行使过。

长久以来，因为我国基层乡村社会的自治属性以及乡政、村治分离的特性，我国基层小官贪腐、无视法律的现象频频出现。诸多小官巨腐、以官压法的案例一再警示："在监督缺席的荒原上，权力就是一匹奔突的野马"。[1] 在此背景下，不断敦促基层相关组织权力的透明化行使、大力强化基层民主监督以及切实使乡村人民的实际权利回归是乡村法治建设的应有之义。以互联网为核心的现代化数字的基本手段在破除基层权力垄断方面具备得天独厚的优势，信息技术所具备的开放、平等特质，有助于使基层相关组织的决策增加透明度，从而强化权力在乡村人民的监督下运行，这对于村民权利的回归、村民运用法律武器方面是极具意义的。

在增强法律效能方面，浙江省宁海县就是通过数字化手段赋能于守法乡村建设，在增强法律的实际效能方面进行了大胆尝试并取得了不错的成效。

[1] 徐铜柱、张恩:《乡村微腐败的异质性表现及其法治化治理之维》,载《湖北民族大学学报(哲学社会科学版)》,2021 年第 2 期。

[典型案例]

浙江省宁海县：深化村级小微权力清单制度

浙江省宁海县自觉遵循习近平总书记“把权力关进制度笼子”和推进乡村治理法治化等要求，自2014年便开始在全国首创推行村级小微权力清单“36条”，使之成为建设法治乡村、撬动乡村振兴的有力支点。通过良法与良俗相结合，用清单做到“有法可依”。“说它是良法，是因为它收集汇总上级法律法规和村级组织、村干部权力事项，梳理形成36条村级权力清单。在此基础上，根据形势变化不断完善清单事项和办事流程，使村干部做事有法可依、有章可循，被老百姓称为农村的“法”。说它是良俗，是因为在制定和执行过程中充分考虑了农村实际，把“法理”的内核，用农村的“情理”和“道理”呈现出来，并纳入村规民约。2019年起，随着数字技术的不断成熟，宁海县开始全面推行集“36条”、法治宣传、矛盾调解、村民服务等功能于一体的“村民e点通”App，着力打造村民依法自治的升级版和智能版，为建设法治乡村打下了扎实基础。

（资料来源：中国普法网，https://www.sohu.com/a/358490823_120207624。）

宁海县的做法，对于数字技术的大胆尝试和成熟运用为促进基层治理现代化发挥了积极推动作用。对于将法律实效切实融入乡村人民的生活中、切实为乡村人民感受到起到了举足轻重的作用。可以说“村民e点通”App把乡村人民与法律实效之间的“沟壑”填平了。

在掌握运用法律武器方面，数字技术赋能也在助力两委权力透明运转、更好分权从而推进乡村人民权利回归上呈现出了一定优势。“公民的参与权、表达权和监督权的行使，必须以充分占有信息为前提。”[①]

在传统的乡村中，基层政府掌握着自上而下的信息传播渠道，具有筛选和加工向下传递信息的能力。在涉及乡村村民切身权益的“一事一议”上，也往往会因为具体实践陷入“有事不议”的窘迫局面，这在一定程度上对于村民本身所拥有的，法律所赋予的知情权、监督权和参与权有一定的损害。传统的乡村治理结构的封闭性容易导致权力主体的话语垄断，从而限制了社会主体的话语自由和权利空间。而在数字时代大背景下，技术赋能则有效地破除了这种传统体制下的权力垄断和封闭性，在数字技术的赋能下，公共领域呈现出了高度透明、分权的特点。与此同时，数字技术如互联网的渗透性、普及性也催生了以透明和分权为特征的新治理生态。

江苏等地区的实践经验表明，只有将传统政治生态、法治生态中处于弱势、被动地位的底层村民，在数字技术的助推下逐渐发展崛起成为生机勃勃的权利主体，村民才会逐渐从传统社会的“被动接受”转向数字时代的“主动博弈”。在这种技术赋能守法乡村建设的实践中，村民开始主动在现有的互联网普及的大趋势下，主动融入乡村治理现代化、法治化的新生态之中，主动拿起法律所赋予自己的监督武器、握紧法律所赋予自己的权利，开始成为积极的权利主体，如此一来，数字赋能所带来的守法乡村建设成效显而易见。

二、善用法律维权，维护法律权威尊严

在建设守法乡村的进程中，数字赋能不断帮助增强法律在乡村的实效、帮助村民掌握运用法律握紧自己村事村务的权利。与此同时，

① 牟宪魁：《互联网时代的公共权力运行与公民权利保障》，载《中国行政管理》，2010 年第 12 期。

数字赋能也在不断推进乡村村民去善用法律维护自己的权益，并积极维护着法律的权威和尊严。

在我国大部分法治乡村建设的守法环节中，乡村治理并未充分发挥“法治”的能动性。在乡村法治建设的进程中，乡村居民不仅仅是受益主体，更是这一进程的重要参与者和建设者。推动乡村法治建设主体即乡村村民法治理念的树立，法律权益观的形成以及尊法、懂法、用法的意识培养，是乡村居民善用法律维权的基础，也是守法乡村法治建设的重点。

由于大部分农村地区的法治资源相对不足，缺少相关的法律专业人士和法律援助机构，乡村村民法律知识相对欠缺、法治意识缺乏，这就对于乡村村民利用法律维权带来了一定的困难和挑战。一方面，部分乡村村民存在对违法行为的识别困难问题，当其受到不法侵害时，乡村村民无法及时、准确地对违法行为进行认定并采取相应的自我保护措施。另一方面，也存在乡村村民行使维权手段困难的问题。由于乡村村民缺少“法治”维权方式的主动意识，也缺乏对相关有效的“法治”维权渠道的了解，这就导致了乡村法治体系对乡村村民的权利保障作用并不能得到充分有效的发挥。

基于以上现状，利用数字助推乡村村民基础法律意识培养，拓宽乡村村民的法律维权渠道，是推进乡村村民善用法律维权，从而维护法律权威的基本路径。

首先要推进乡村村民基础法律意识培养工作，充分利用各种数字媒介提高村民法治素养，引导广大村民增强尊法、学法、守法、用法意识。与此同时，要积极利用互联网的便利性和普及性建立法治宣传平台，努力提升乡村的法治氛围，形成乡村法治文化。“倚重新乡贤和乡村精英的权威和带头作用，消解传统治理的惯性，形成法治思维和能力。”[①] 其次，要积极将法律维权的手段利用技术赋能下沉到基层，并通过信息化科技的运用，将下沉的维权手段根据乡村的实际情况有益改善、拓宽，在实践上更贴近村庄情况，满足乡村村民的实际需求，并能够切实有效地发挥法律对乡村村民的保障作用，真正让乡村村民可以积极用法维权。在通过以上手段促进乡村村民善于维权的同时也要始终坚持法治为本，要持续强化法律在维护村民权益和化解农村社会矛盾等方面的权威地位，改进矛盾纠纷调处机制，积极引导矛盾纠纷处理规范化、制度化，使法律的权威性也能够在数字助力乡村村民维权的过程中更及时、有效地得到彰显。

就法律维权手段下沉到基层，可以长春市双阳区人民法院为例，该法院的实践做法给出了一个卓具成效的范例。

[典型案例]

长春市双阳区：构建多元解纷增强化解基层社会矛盾战斗力

长春市双阳区人民法院坚持以两个“一站式”建设为融入基层社会治理工作的着力点，坚持和发展新时代“枫桥经验”，将多元解纷、诉调对接、速裁快审工作整合至诉讼服务中心，通过组建速裁团队、成立调解小组，并与区司法局、区公安分局等 17 个部门协调联动，成立家事纠纷诉调对接工作室、搭建基层庭镇党建联系点。积极构建便民化诉讼服务格局，利用数字赋能将诉讼服务中心提档升级，使诉讼服务更加智能高效，跨域立案系统实现“家门口立案”，“移动微法院”实现“指尖诉讼”，为更好地服务群众，打通诉讼服务“最后一公里”，让

① 王海力：《新型城乡关系下乡村治理的法治化路径》，载《农业经济》，2021 年第 4 期。

基层乡村村民的维权更便利。与此同时，双阳区人民法院改变坐堂立案的模式，转战到群众家门口就地登记立案，同时积极引导群众网上立案，截至目前，今年共进行巡回立案、便民立案 42 次。

（资料来源：长春市双阳区人民法院公众号。）

长春市双阳区人民法院的实践经验表明，通过互联网的便捷性、普及性推进维权方式的便利性、维权手段的多样性，将法律维权手段真正下沉到基层乡村村民的手中，使乡村村民真正在提升法律意识的同时，学会善用、敢于善用，并自觉在善用中维护法律权威和尊严，这也正是法律通过数字赋能助推乡村村民行使权利的目的所在。

第二节　数字强化义务履行

一、履行法律义务，形成守法意识习惯

法是以规定权利和义务的方式来运作的行为规范，它明确地告诉人们可以怎么做、应该怎样做、必须怎样做、禁止怎样做。关于权利和义务二者的关系：二者相辅相成、相互对应，公民在享受权利的同时也要履行义务，世上没有无权利的义务，也没有无义务的权利，虽然主体可以放弃享受权利，却不能放弃履行义务。在法治乡村建设过程中，乡村村民行使法律赋予的各项权利固然重要，但履行法律所规定的相应义务更是守法乡村建设过程中的重要环节。

囿于经济发展水平所限，我国乡村地区的青壮年为追寻更好的生活，大多选择早早辍学外出务工或者是早早地外出求学，留在乡村多

为“386199”部队，即主要人群是儿童、老人以及妇女。在这一乡村环境下，儿童学智尚在启蒙阶段，还没有办法真正理解法律的含义及自己应有的权利与义务。而老人自身学识水平不高且对法律不甚了解，有时持有保守的老旧思想，难以认识到法律的强制性和权威性，对于必须遵守履行的义务最多只停留在模糊的认识中，难免出现无意触及法律的底线却不知道的现象。综上，由于我国乡村社会文化环境的现实情况以及我国普法教育仍需发展完善的现状，我国农村的大部分民众处于法律意识淡薄和法律信仰有所缺失的需普法阶段，对于自身义务履行本身就存在一定的认知空缺，再加之义务履行本身相比权利行使具有一定的约束力，因此，只享受自己的权利而不履行自己的义务的情况更是屡见不鲜，这种关键性问题的出现对于建设法治乡村来说是亟待解决的。

借助数字赋能的优势，充分将村民履行义务的自觉性与更好地为村民服务相结合，更有助于帮助村民在实践中自觉地养成守法的意识和习惯。在全国范围内，虽然我国现有的守法环境呈现出欣欣向荣的趋势，但是仍有不法分子混迹于人民群众之中，尤其是混迹在乡村之中，例如传销、诈骗、拐卖妇女儿童等违法犯罪活动仍然存在着。现今，借助数字技术的优势，通过各种悬赏、通缉、举报有奖等下沉式线索收集体系，在给予村民以一定奖励的同时，帮助其养成履行法律义务的习惯，既有利于案件的早日告破、营造安稳和谐的社会环境，也有助于群众在生活中积极履行义务。与此同时，通过“以案明法”的实践，以数字技术助推传播，村民自觉感受法律的权威性以及效率性，这对于帮助养成守法习惯，培养守法意识也是有利的。

在一些乡村的现实治理探索中，将数字技术赋能与惠民服务并行运用从而激发村民履行义务的热情更是一种高效且易接受的创新实践形式。

[典型案例]

浙江省象山县:“村民说事”十年打造乡村治理新范本

在浙江省象山县,“村民说事”正式推广已走过了十个年头。“村民说事”，说是基础，也就是村民通过说的方式自觉履行自己的义务，解决现存的问题，在真正对自己有好处的同时也在潜移默化中养成了自觉地履行义务、守法爱法的习惯。现在的“村民说事”已经不仅是在固定日子坐下来“集中说”，和主动倾听“上门说”，更是通过数字赋能创新的“灵活说”，线上线下结合，充分调动村民参与说事的积极性。象山县墙头镇方家岙村是当地小有名气的“旅游之村”，风景优美，空气清新，每年都吸引不少游客前来观光。村民欧巧红在村里经营着一家名叫“平秀房”的农家乐。随着村里的民宿产业日渐兴旺，她发现了一个“小问题”:之前大家民宿的广告牌都是自行安装，不协调，更影响村庄用电安全。于是她向村里的“村民说事”工作小组反映。很快，村里多方筹措资金，请来专业公司为各家免费重新设计了“招牌”。

（资料来源：新华社，http://xhpfmapi.zhongguowangshi.com。）

象山县的做法表明，村民在切实为村庄发展以及村庄安全考虑，积极履行义务的同时所能享受到的惠利更是不言而喻的。现今，象山县各乡镇在“村民说事”制度上更是借助数字赋能大胆创新。在该制度的“议”事方面，对于村民反映的问题，是常事急事由村党支部书记主持召开村务会议商议，大事要事召开党员大会、村民代表会议商议。在此基础上，县乡两级建立社会治理综合智慧中心和综合指挥室，统一受理流转交办网格和各渠道上报的各类事件，部分乡镇还成立了乡贤顾问团等组织，邀请各行业人才参与和处理村庄上报的发展重大事项以及村民相应诉求。

通过数字技术对乡村原本的优秀制度加以完善和提效，在激发村民履行义务的同时给予村民实际的福利，这不仅对于解决基层问题、提升基层治理能力有着切实的效果，而且对于养成村民的守法意识、助力守法乡村的建设更是点睛之笔。

二、完善法治工程，建设法治示范乡村

建设法治示范乡村是一个系统性的工程，要建设好法治示范乡村，应当明确如何完善法治工程，要更好完善法治工程首先应当明白什么是法治化。所谓法治化，是指运用国家法律法规等对公权力的运行和公民权利的保障进行全面规范，形成用法治思维和法治方式分析和解决问题的治理结构与治理能力的技术呈现。[①]

具体到完善法治工程、建设法治示范乡村来说，就是在现有法律的基础上，治理者通过法治思维来处理、解决乡村治理问题从而达到更合规、高效治理乡村的目的。要达到这一目的，就需要不断地借助数字技术优势完善法治工程。虽然上述内容中提及了通过技术赋能来助力乡村民众相信法律权威，更好地行使权利、履行义务，这为建设法治示范乡村打好了坚实的群众意识基础。但是就具体实践来讲，在如今的技术赋能法治工程建设现状中发现问题并及时解决，更是完善法治工程，更好、更高效建设法治示范乡村的基础中的基础。

技术在乡村治理中的应用，旨在通过互联网驱动实现“互联网 +”

---

① 徐铜柱、张恩:《乡村微腐败的异质性表现及其法治化治理之维》,载《湖北民族大学学报(哲学社会科学版)》,2021 年第 2 期。

的乡村治理模式。[1]就现今的技术赋能法治乡村建设的现状而言，基于健全党组织领导的自治、法治、德治相结合的乡村治理体系的需要，党的十九大报告首次提出了“智慧社会”的概念，强调要提高社会治理智能化水平。2019年出台的《数字乡村发展战略纲要》强调立足新时代国情农情，要将数字乡村作为数字中国建设的重要方面，注重建立灵敏高效的现代乡村社会治理体系；着力发挥信息化在推进乡村治理体系和治理能力现代化中的基础支撑作用，构建乡村数字治理新体系，并明确提出到2025年，数字乡村建设取得重要进展，城乡“数字鸿沟”明显缩小。

但是在实践中，通过相关调研发现，乡村技术治理嵌入不足问题较为突出，主要存在以下问题：一是在乡村治理中，乡村信息化作为乡村治理的新型基础设施并未引起重视，许多乡村甚至忘记了信息化建设。以四川省眉山市为例，部分基层司法所、乡镇公共法律服务工作站在现实中场地规范化建设存在问题，有待完善。这一问题也进一步对乡村信息法治建设工程的发展保障产生了一定的限制。除此之外，基层治理智能化水平不高也存在，或是供给不力，或是一些乡村的设备成为摆设。同时，基层数据互联互通整合力度不够的问题也存在，这些问题就使数字技术的效用并未得到实际发挥。二是在“技术下乡”在过程中仍存在很多问题，技术覆盖的范围有限且深度不足，缺乏均等化发展。如乡村“雪亮工程”的建设,在示范村基本实现了全域覆盖，而在大多数非示范村却并未普及，视频监控仅设置在乡村出入口且有些是非高清的。“互联网+”融入乡村治理的机制也尚未建立，乡村网络平台不够完善、运行不够顺畅，从而导致无法有效实现技术赋能赋权乡村治理，这也对建设法治示范乡村产生了一定的影响。

以上可以看出，在顶层设计的政策指引下，我国建设数字乡村治

[1] 何阳、汤志伟:《互联网驱动的“三治合一”乡村治理体系网络化建设》，载《中国行政管理》，2019年第1期。

理体系以及更好建设法治示范乡村有了较好的发展，但短期内的建设仍有一定的缺失和短板。事物的发展都需要一定的过程，所以应结合现状中存在的问题，立足当下，提出相应对策，以更好地建设法治示范乡村。

首先，要坚定不移地发挥现有的技术优势，持续普及数字乡村工程，提升乡村智慧治理能力，进而建设法治示范乡村。乡村社会智慧治理体现了多元的乡村治理主体、协同的乡村治理机制、精细的乡村治理方式、规范的乡村治理手段、高效的乡村治理过程。[①] 数字化技术即互联网在这一过程发挥的优势是毋庸置疑的，坚定不移地提升互联网在建设数字乡村、法治乡村中的地位以及实践中的普及率是需要不懈努力的长久工程。乡村社会智慧治理利用其具有的开放、便捷、互动等特点，主要在智慧沟通、智慧参与、智慧监督、智慧服务等方面持续发力，这与建设法治乡村是息息相关的。

在智慧乡村的帮助下推进法律深入生活，敦促乡村村民切实提升法律意识，把握权利，履行义务，学法、知法、尊法、守法，是智慧乡村建设的主要目的之一。我们更应在夯实、普及数字乡村建设的基础上，深刻把握智慧治理形态这一乡村社会治理的发展方向，努力提升乡村社会治理水平，在进一步缩小城乡之间数字化鸿沟的同时充分利用数字乡村优势建设好法治示范乡村。

其次，要鼓励数字技术应用，努力推进技术均等化发展和互联互通，更好为建设法治示范乡村服务。信息化建设是推进乡村全面振兴的重要因素，通过技术创新赋能“三农”是乡村振兴的关键一环[②]，信息化建设同样对于乡村法治化建设也是极为关键的一环。因此，推进技术下乡的深度和广度，致力于实现信息技术发展的均等化，也是我们推

---

① 高其才:《以智慧治理助推乡村“善治”目标实现》，载《国家治理》，2019 年第 19 期。

② 王丹、刘祖云:《乡村“技术赋能”：内涵、动力及其边界》，载《华中农业大学学报（社会科学版）》，2020 年第 3 期。

进法治乡村建设以及乡村智慧治理的重点所在和方向所在。

将技术更好赋能于乡村治理及乡村法治建设应主要从以下两个方面着力：一是积极推进乡村“放管服”改革，提升乡村“放管服”智慧化水平，推动数字乡村建设，推进乡村治理精准高效。[①]所谓“放管服”改革即简政放权、放管结合、优化服务的简称。努力推进“放管服”改革的同时，要积极推进信息技术化在乡村中的发展广度和深度，即普及率和应用度，使两者在这一过程中既相互服务又相互促进。在“放管服”改革中，不仅要让村民与市民享有同等权利，共享现代化发展成果，也要在与充分发挥技术赋能作用相结合的同时，努力推进城乡一体化、均等化发展，从而在整体上为更好建设法治乡村建设增添动力。二是加快立体化、智能化、动态化乡村社会治安防控体系的建设。现今，我国以“雪亮工程”、人脸识别等技术为核心的社会治安防控体系仍以城市为主。在推动乡村振兴战略实施过程中，在推广应用数字技术的同时，应将城市社会治安防控体系的建设经验因地制宜地拓展到乡村，为乡村治理提供安全保障。

通过技术赋能乡村治理和法治建设，不断发挥“智治”的支撑作用，可以更好实现理念、人才、资源、社会组织等更高效、更便捷地参与到乡村治理中来。因此深入推进数字技术在乡村发展的深度和广度，打破技术壁垒，努力实现技术均等化发展，不仅可以助力针对性制定乡村治理和发展的特色对策，而且能助建设法治示范乡村。

最后，要在整体建构上努力做好法治与智治的融合。搭建一体化平台，在建设数字乡村过程中，以更高站位做好规划，全盘考虑“智慧乡村”建设，把政务服务、社会治理、民生服务、风险防控、产业发展全面集合，实现智能化管理服务。充分利用好现有的“雪亮工程”

① 胡宝珍、欧渊华、刘静：《新时代“五治融合”乡村治理体系之建构——基于福建乡村治理实践的考察》，载《东南学术》，2022 年第 2 期。

和“慧眼工程”，做好相关特殊人群监管服务，及时了解、反馈、掌握村情民意，进行预警处置，逐步打破部门之间、社会与政府之间的数据壁垒，实现互联互通。同时，也要用好政法各单位资源，组织开展好法治宣传等活动，将法治、德治、自治、智治无缝对接，拓展法治乡村建设维度，从质量上完善法治工程，推进法治示范乡村建设。

第三节 数字保障法律遵守

一、提升法律权威，帮助养成守法习惯

乡村治，百姓安，则天下稳。党的十九大报告中指出要“加强农村基层基础工作，健全自治、法治、德治相结合的乡村治理体系”。法治作为三治中的关键一环，是乡村治理的前提和保障。而法治的成败取决于法律内容是否符合人民的切实需要，法律实践是否体现效益的价值追求等，但最重要的是取决于现实实行的法律是否在广大人民心中具有真正的权威，正如法国思想家卢梭所说“一切法律中最重要的法律，既不是刻在大理石上，也不是刻在铜表上，而是铭刻在公民的内心里”。在利用数字赋能更好建设守法乡村、法治乡村的过程中，除了要助力权利行使，强化义务履行以外，保障禁令遵守也同样重要，其更具有基础性作用。只有切实提升法律权威，将法律的权威真正牢牢树立在人民的心中，才能更好帮助乡村村民养成守法习惯，从而实现建设法治乡村这一目标。

当前，在全面依法治国战略实施背景下，我国在建设中国特色社会主义法治国家的道路上取得了较大进展，但与经济社会发展不平衡的现实类似，我国法治发展也不平衡。在建设法治乡村过程中，部分乡村法治意识相对薄弱的情形依然存在，基层治理体系和治理能力仍

需提高现代化水平。在乡村中，由于不太懂法以及对法律的权威性认识不够，再加之部分基层法治建设不完善以及法治宣传不到位，乡村村民缺少法律信仰，乡村法治水平和效能亟待提升。

正如恩格斯所言："在所有意识形态范畴内，传统一直是一种很强大的保守力量。"作为以农业生活为主的乡村社会，是一个标准的农业社会，村民以农为主，以生存为主，对其他的权利和义务缺少法律认知。村民多以传承的人情和经验行事，在遭遇自身权益被侵害时，以暴制暴时有发生。传统的思想残留，部分村民将自己的希望寄托在神佛身上而不是法律，更加深少数人对法律的排斥，以至于对法律是一种畏惧或强烈排斥的心理。[①]

由于缺少对于法律权威性的认知，乡村村民的权益保护方式欠法治化现象突出。如部分村民在涉及自身权益时，首先想到是"上访闹事""协商私了"，并未想到真正依照法律程序处理。此外，极少数乡村村民在重要会议、节假日等时间节点，越级上访，甚至形成闹访，既损害基层政府权威，更不利于法律权威和良好基层治理秩序的形成。

在此背景下，通过数字技术赋能基层普法宣传，推进乡村法律服务体系的下沉，积极培育法治乡村文化环境，可以深入提升法律在乡村村民心中的权威性。

在利用数字技术赋能普法宣传方面，要充分利用各种现代数字媒介向广大乡村村民进行普法宣传工作，丰富普法形式，通过短视频媒介或者是直播媒介，以活灵活现的形式向乡村村民进行普法宣传。如，随处可见的抖音微普法，各相关部门的官方公众号利用生动有趣、贴近生活的搞笑段子有针对性地进行普法宣传，将提升法律宣传实效，也能潜移默化提升法律的权威性，使乡村村民养成守法习惯。浙江省宁波市象山县作出了典型示范。象山县充分利用"村民说事"这一基

---

① 吴玥:《我国乡村治理法治化问题及对策研究》，载《农村经济与科技》，2021年第14期。

层民主管理新方式，正确引导“自治”在“法治”轨道上有序运转。坚持依法依理说事，推出法律服务说事，并创建“律师e说事”“检察官说案”等以案说法的普法形式，充分结合现代数字技术，发挥法律专业力量化解村级矛盾，在技术赋能下，全力打造法治引领、德治相辅、自治实践的乡村善治象山样板。

在推进乡村法律服务体系下沉方面，要始终坚持法治为本，充分利用技术赋能强化法律在维护村民权益和化解农村社会矛盾等方面的权威地位。乡村法律服务体系要求在具体的乡村治理行为中糅合现代法治的工作方法、理念规则和操作流程。[①]在具体实践中，一方面，基层政府和相关工作人员，要充分树立法治为民的观念，将政府涉农各项工作纳入法治化轨道，并同时结合“互联网+”发展模式，与时俱进创新监管方式。此外，积极推进基层纠纷、矛盾解决机制的规范化也同样重要。另一方面，要通过信息化技术的运用，整合村民的基本信息，不断形成完整的管理体系以及信息体系。通过以上做法努力使乡村法律服务体系的下沉在治理方面更贴合乡村现实、多变的需求，不仅提升了乡村村民的权利意识、维护了乡村村民权益，而且也拉近了治理者与乡村村民之间的距离，也及时、有效地彰显了“法治”的权威性。

在积极培育法治乡村文化环境方面，要充分发挥法治文化和德治文化的共同作用。提升法律在人民心中的权威性，营造好法治与德治相互作用的文化环境也十分重要且有必要。德治是乡村治理的柔性力量，主要依靠乡村道德体系和乡土文化感召力维护乡村秩序。[②]通过深挖乡村“熟人”社会德治的潜在力量，可以帮助引导村民继承村中向上向善的“不成文规范”，使之成为适应现代乡村社会的乡规民约的一

① 徐婧:《“三治融合”乡村治理体系的“法治”进路》,载《华中农业大学学报(社会科学版)》,2022年第1期。
② 龚松柏、罗贝:《新时代乡村治理中德治存在的问题及其完善路径探析》,载《重庆工商大学学报(社会科学版)》,2019年第4期。

部分，从而促进传承、夯实乡村治理的软实力。例如，泉州东张村通过乡规民约传播正确的价值观念，提高了村民的自我约束力。与此同时，要一如既往地加大农村普法力度，通过技术赋能丰富普法形式，努力提升乡村村民的法治素养，营造积极的法治氛围，并努力打造具有特色的乡村法治文化。

发挥德治在乡村治理过程中的情感支撑作用，将德治辐射到村民生活的方方面面，可以极大增加自治的有效性，弥补法治之不足。通过发挥德治与法治的融合力量，有利于推进法治文化建设进程，对为提升法律的权威性营造良好氛围以及法治乡村建设具有基础性作用。

二、生动法律实践，多元助力尊法爱法

随着网络化、数字化、智能化的快速交融、迭代发展，以“智慧政务”“智慧司法”“智慧城市”等为支撑的智慧社会在我国纵深推进，同时也给基层社会治理带来了重大挑战与深刻变革。[①]党的十九大报告正式提出了建设“智慧社会”的新理念，成为推进国家治理体系和治理能力现代化的时代动力。当前，基于数字智能技术的发展，在部分经济发达的城市，相应的智慧社会治理模式已经开始逐渐形成，与此相伴的智能治理、智慧法治、智慧服务、智慧生活等方面的总体性体系也逐渐完善。在这些城市，不断趋于形成“高度被感知的社会，高度互联互通的社会，高度数字化和被精准计算的社会，高度透明的社会，高度智能化的社会”。[②]

智慧社会的体系化建设其初衷是为了推进国家治理体系和治理能力的现代化，而国家治理体系和治理能力与法治国家的建设也是息息相关、密不可分的。因此，在建设智慧社会的重要组成部分——智慧

① 马长山：《智慧社会的基层网格治理法治化》，载《清华法学》，2019 年第 3 期。
② 汪玉凯：《智慧社会与国家治理现代化》，载《中共天津市委党校学报》，2018 年第 2 期。

乡村的过程中，要紧紧抓住智慧乡村建设过程中的数字技术机遇，充分赋能乡村法治宣传，大力提升基层法律意识和法治氛围，推进基层法治的进程和提高基层治理能力现代化的水平。

在建设智慧社会、实现智慧法治、建设守法乡村的大背景下，借助数字赋能宣传法律，首先要明确法律实践的概念。所谓法律实践仅靠字面意思通常可以简单理解为是某些主体将所掌握的法律理论、知识通过相应的途径运用到具体的法律事件中，去解决社会中存在的法律问题，而此处的法律实践可在此基础上进一步延伸理解为是相应的各基层治理组织充分利用现有的数字技术优化立法、司法、执法实践，从而更好地去应对和解决社会中存在的相关法律问题，用数字技术多元助力基层村民尊法、爱法，用数字技术不断优化法律实践，充分助力守法乡村建设。

近年来，我国乡村基层法治宣传进行了积极尝试，取得了较好成效，但仍存在乡村法治治理制度供给不足、乡村普法宣传教育不到位、法治宣传缺乏实效等问题。在乡村法治治理制度供给不足等问题方面，由于乡村法治的前提是有法可依，健全和完备的法律制度才是乡村治理的关键。我国虽已构建了较完善的与“三农”相关的法律框架，但乡村立法的滞后性、城乡立法存在结构性失衡等问题依然存在。囿于乡村法治治理体系不健全的长期影响，乡村村民进行治理监督的有效渠道缺乏，乡村村民在利益诉求表达，民主参与、监督，纠纷矛盾化解等方面的法律化解决仍需加强。村规民约、本地风俗文化等虽在不同程度上发挥作用，但由于村规民约多源于本地的风俗文化，不具备社会规范的合法性和公共利益性，在价值追求和实施方式等方面与国家法律也存在差异，特定情形下并不利于基层治理能力现代化。

在乡村公共法律服务方面，亟需国家对乡村公共法律资源配置的同步跟进，如一村一法律顾问制度、人民调解员和乡镇司法所等专业资源，这些旨在提升乡村法治水平的措施在实际运行中仍存在一些问题。第一，经费配套不到位。在现实中，下乡律师常常面临事多钱少，甚至是无偿服务的情况。一些相对具有强制性的做法虽然可以使非公益律师走入农村，将专业资源引导下沉，但服务的无偿性与律师的商业性存在较大的矛盾，这在一定程度上打击了律师的积极性，也使律师专业服务实效大打折扣。第二，人民调解员的法律素养不足。调研表明，基层尤其是乡村的很多调解员没有经过专业的法律培训，大多凭经验处理矛盾纠纷，并不能很好适应现今治理和纠纷解决需要，更不说将“枫桥经验”现代化了。第三，由于乡镇司法所承担了大量的基层工作，如法制宣传教育、对刑释人员安置帮教、社区矫正、调解以及参与社会治安综合治理，但现实中大部分乡镇司法所实际工作的人员较少，由于现有人员配置不足，所以现实中各项工作的正常进行并不能得到有力保障。第四，部分基层司法所、乡镇公共法律服务工作站场地常被调整或受挤占，正规化建设工作有待完善。而乡村公共法律服务工作室建设大多未得到应有重视，其大多与综治中心、警务室等共用一室，法治文化阵地严重不足。

乡村普法宣传教育不到位、缺少实效问题。在实践中，囿于经济发展和人力资源所限，法治建设在部分基层乡镇并未得到足够重视，法治宣传的力度和实效仍有待提升，主要表现在部分地区法治宣传活动较少，形式较为传统，内容较空洞，不贴近乡村村民的日常生活实际，再加之乡村地区多为年迈或儿童等弱势群体，受教育程度、经济发展状况以及传统的生活习俗和思想认识的偏差，使得其对乡村法治的参与意愿不足，对新理念接受度较低，法治宣传的形式、内容的数字化赋能方面仍需提升。

对于法律实践过程中的乡村公共法律服务完善，浙江桐乡乌镇利用数字赋能方面给出了较好的答卷，值得关注和借鉴。

[典型案例]

浙江省桐乡乌镇：乌镇持续探索互联网助力司法建设

浙江桐乡作为世界互联网大会的永久举办地，互联网基因已经深入城市的血脉之中。2019年9月12日，桐乡乌镇司法所成功创建全国首家互联网司法所。乌镇司法所为满足群众快速获得公共法律服务的需求，在人流密集处打造了“24小时法超市”，为有需要的群众提供法律机器人问答、律师视频解答、法律文书下载等“一站式”公共法律服务。为了解决“24小时法超市”覆盖面不够广的问题，乌镇司法所开发了“云司法”小程序，凡是会使用智能手机的群众，都可以通过手机“一键扫码”登录，“不用跑”就可以随时随地享受专业、便捷的公共法律服务。同时，考虑到不会使用智能手机的老年人等群体，乌镇司法所在10个行政村（社区）便民服务中心安装可视化智能终端机，为群众提供了全覆盖闭环式的线上服务。乌镇司法所提供的数据显示，运行一年多以来，“云司法”登录使用人数已达3万余人次，是线下一年接待来访人次的28倍，自助机使用超1万人次，可视化智能终端机使用超3000次，均呈现出明显递增的态势。

此外，为助推减负增效，乌镇司法所还建设了以公共法律服务为核心的乌镇互联网司法大数据平台，有效归集了人民调解、社区矫正、法治宣传、法律服务等应用，实时采集了“云司法”小程序、公共法律服务自助机、可视化智能终端三大服务载体的动态数据，实现司法行政系统的业务全面协同和资源共享，打造司法所“智慧大脑”。乌镇司法所所长魏善良说，乌镇司法所聚焦预防化解矛盾纠纷的“防火墙”、教育改造特殊人群的“主阵地”、基层民主法治建设的“助推器”和服务基层人民群众的“法超市”四个功能作用，以“智慧”感知、“智慧”供给为着力点，将互联网元素与基层司法行政工作深度融合，将互联网这个“最大变量”转化为惠及民生的“最大增量”。

（资料来源：光明网，https://m.gmw.cn/baijia。）

乌镇经验带给了我们很多思考，乌镇的互联网司法所的建设，不仅让司法所的法治保障作用更加凸显、基层法治基础更扎实、法治氛围更浓厚，加快了基层民主法治建设的推进力度。最重要的是，它给出了一个通过互联网等数字技术赋能的生动法律实践，并进一步提升完善乡村公共法律服务的标准答卷和鲜活案例，与此同时，也给出了解决、完善该问题的对策。

完善乡村公共法律服务是推进法治乡村建设的主要任务之一，也是推进基本公共法律服务均衡发展的现实要求。[①] 针对乡村公共法律服务供给不足、供给质量不高的现状，结合乌镇典型案例的经验，应当立足于数字赋能生动法律实践的要求，主要从以下方面发力：一是要健全和完善公共法律服务平台建设。不断加强公共法律服务实体平台、热线平台、网络平台等基础设施建设，依托基层司法行政机构整合服务资源，依托基层司法行政机构整合服务资源，打造覆盖乡村的公共法律服务体系。二是要增加公共法律服务供给渠道。降低法律援助门槛，扩大法律援助范围，让更多需要法律救济的村民能够享受到公共法律资源，同时利用微信、头条开展法律咨询服务，结合法律宣传咨询综合服务职能和资源优势，集中开展法治宣传和法律咨询，开展零距离法律服务。[②] 此外，要鼓励引导社会力量参与到乡村公共法律服务中，

① 黄莉娜：《论乡村振兴背景下法治乡村建设》，载《南昌航空大学学报（社会科学版）》，2021 年第 4 期。
② 赵乾：《依法治国视域下乡村治理的法治保障问题研究》，载《农业经济》，2021 年第 9 期。

邀请自愿参与的公益法律机构、公益律师队伍、法律志愿者团队等参与进来，实现乡村公共法律服务主体多元化。

第四节　数字提效法治宣教

一、拓宽学法路径，鼓励大众学习法律

在乡村振兴战略实施过程中，以习近平新时代中国特色社会主义思想为引领，全面深入贯彻习近平法治思想，大力推进乡村法治建设，发挥其对深化“三农”工作的引领、规范和保障作用，已然成为乡村振兴战略实施和基层治理能力现代化建设的重要抓手。建设法治乡村对于乡村振兴具有举足轻重的作用，其中涉农立法、执法、乡村司法保障、守法乡村建设，以及乡村依法治理等诸多方面，是庞大的系统工程。仅就在守法乡村建设方面这一重要环节方面展开来讲，拓宽学法路径，重视乡村法治教育，从而切实培养营造出良善、和谐的乡村法治环境，对于推进守法乡村建设进程有着至关重要的基础性作用和意义。

习近平总书记曾指出，人们没有法治精神、社会没有法治风尚，法治只能是无本之木、无根之花、无源之水。法治精神是“使法必行之法”，是法治的灵魂。建设法治乡村，必须在乡村社会里将法治精神熔铸到内心中、根植于头脑里、落实到行为上。法治并不体现于普通民众对法律条文有多么深透的了解，而在于努力把法治精神、法治意识、法治观念根植于人们的头脑之中，体现于人们的日常行为之中。所以，在数字技术快速发展的背景下，充分利用数字技术助力拓宽乡村民众的学法路径，助力充分开展乡村法治教育，将法治精神、法律制度、法律规范通过各种学习路径转化为每一个人自觉学习，表现在社会生

活实践的方方面面才是建设守法乡村真正的正确方向和道路。

在我国乡村社会，由于部分地区缺少对于乡村法治宣教的重视，基层法律宣教活动较少的现实情况普遍存在，更有部分地区的乡村村民从未参加过现实中的法律宣教活动，大部分农村群众仅能依靠传统的媒介媒体学习了解法律知识。而对于有现实法律宣教活动的基层地区，常常存在无效法律宣教的情况。由于法律是一个非常庞大的体系，面对法律的庞杂，民众难以了解、选择符合需求自己的法律知识，对于他们而言，学习法律知识是为了解决生活中的矛盾和纠纷，与其说是为了提升法律素养，不如说是维护其合法权益的工具。在大普法工作格局下，普法工作者往往忽略了民众细微的法律需求，如婚姻法、财产法等实用法律知识，在法律普及过程中没有体现前瞻性和救济性，这导致大部分民众不能真正自觉学习法律，缺乏热情和兴趣。

对于没有或者少有现实法律宣教活动的基层地区，大部分乡村村民只能通过传统的媒体媒介诸如今日说法、法治在线、普法栏目剧、法律讲堂之类的法治节目，学习了解法律知识，这种普法宣教方式虽然受众范围广、社会影响面大、形象生动、艺术性较强[①]，但是对于乡村村民来说只能起到一定的启发或警醒作用，并不能切实全面提升乡村村民的法律意识和法律思维。缺少合理广泛的学法、接受法律教育的学习路径，缺少有效的宣教方式，导致一些地区的乡村村民对于法律知之甚少，对法律缺乏真正的正确认识和切实的重视，其学法、用法、守法和护法的自觉性、主动性仍需提升。此外，部分乡村的管理者的法律意识与法治思维不足问题也存在，在民主管理、土地承包、土地征收、房屋拆迁、资源开发、生态保护以及社会保障等工作的法治化水平也有待提升。

---

① 孟俊涛、朱振辉：《法治乡村建设背景下农民法治意识提升的实证研究——以安徽省阜阳市 D 县 N 村为例》，载《重庆行政》，2022 年第 2 期。

对于乡村法治化建设工作提出了严峻的挑战，而与此同时，数字技术则基于其优势和特点，在一些鲜活的实践中给出这一挑战的应对法则。运用数字技术赋能乡村法治宣传、教育，可以拓宽乡村村民学法渠道，提供学习的自主性、针对性和实效性，助推乡村法治思维和法治意识的全面提升。在数字赋能乡村法治宣教方面，广东省东莞市中堂镇四乡村和江苏省张家港市分别作出了较好的不同尝试。

[典型案例]

东莞市中堂镇四乡村：搭建互联网+公共法律服务平台，创新试点数字乡村法治建设

东莞市中堂镇四乡村为深入开展社会治理法治化建设，进一步运用先进的理念、专业的方法提高社会治理和服务精细化、便利化水平，进一步通过数字赋能提升乡村法治化水平，9月29日，广东省东莞市中堂镇在四乡村揭牌成立“互联网+公共法律服务”平台，通过引入“互联网+公共法律服务”数字化项目，有力拓宽乡村民众学法路径，加大乡村法治宣教力度，扎实推进数字乡村法治建设，有效提升社会治理效能。四乡村“互联网+公共法律服务”平台主要有以下几项创新功能：一是设有“法律机器人”。“法律机器人”以大数据、云计算、人工智能等前沿技术为依托，集法治宣传、法律咨询、法律援助、费用计算、法律文书库、人民调解、社区矫正等司法业务工作于一体，可与群众互动，生动形象地解决群众的法律问题，增加群众的学法乐趣。二是设有“法律村村通”平台。该平台具有智能咨询、远程调解、远程咨询、在线诉讼等功能，群众遇到“急难愁盼”问题，可自助使用，用手机扫一扫即导出智能法律分析报告。也可以远程与法律专家视频连线咨询，提高法律服务质量。这对于乡村民众学习了解法律知识也具有一定的促进和鼓励作用。三是搭建“村居法律服务沟通群”。该群由律师、调解员、村民群众组成，适应少数群体特点和法律服务需求，让群众即时高效获取高品质的法律服务、随时随地在问案问法中学习法律知识。

（资料来源：东莞政法网，http://dgzf.dg.gov.cn。）

以上事例皆是通过数字技术推进法律宣教工作，拓宽乡村民众学习法律知识路径较为成功的典型经验，虽然各地区乡村的经济社会发展水平等现实情形存在较大差异，需要因地制宜地考虑数字技术的引进和应用方法，但由小见大，也可以发掘其中的共性、有益经验。

首先，要打造多渠道学法路径，努力营造法治乡村教育环境。由于乡村村民的受教育程度参差不齐、法律知识接受程度不同，因此应在以往普法宣传教育的基础上，拓宽渠道，丰富形式。结合数字技术采取媒体宣传法、案例教育法、寓教于乐法等多种方式，以适应不同村民特点，满足不同村民需求，这可以极大帮助乡村村民了解、学习法律知识，增强法律意识，加强法治乡村建设。[①] 同时，通过乡村文化数字化建设，也可以有效宣传乡村文化成果，促进乡风文明。[②] 将法治教育与思想道德教育有机结合，利用中华优秀传统文化，结合法治需求，营造法治和德治相结合的氛围，加快形成党组织领导的自治、法治、德治相结合的基层治理体系，不过分依赖德治，也不随意淡漠法治的良好教育环境，为乡村法治教育培育法治文化和法治土壤。

① 陈俊源：《推进乡村振兴应重视乡村法治教育》，载《中国社会科学报》，2021 年 10 月 12 日。
② 饶静：《数字乡村建设 有效提升乡村治理水平》，载《农村工作通讯》，2021 年第 21 期。

其次，要改善法律宣教方式，提升宣教实效。依法治国的国家战略下，乡村始终是法治宣传教育的重点。因此，应继续不断创新普法教育方式方法，将法律融入村民喜闻乐见的事件和方式之中，激发村民参与热情，增强村民对法律的直观感受，加深村民对法律的理解，重塑村民对法律的认知。[①] 在传播模式上，普法工作者要将法律知识用更易理解、更接地气的方法传输给村民，不应过于理论化、专业化。此外，普法工作也不能将法律知识一股脑儿灌输给村民，而是要让村民在法律“菜市场”随意挑选，以此来围绕中心工作倾向性地向村民传输知识并形成互动。

再次，要大力推进普法宣教精准化。要以“为人民服务”为宗旨，针对乡村社会的不同群体对法律的需求，以不同形式不同内容进行法律法规培训教育，增强普法宣教的精准性和实效性。法治宣传教育不能仅仅停留在守法教育和法律权威教育，应将法治与村民生活息息相关的权益紧密结合在一起，满足村民对诸如家庭婚姻、继承、权益保护、纠纷解决等实际问题的法律诉求，让村民相信法律，信任法治，愿意用法律解决生活和工作中遇到的法律问题，让法治观念深入村民心中。因此，在优化宣教内容的基础上利用大数据工具精准化实施法律宣教，有利于真正提升实效。如在新媒体法律宣教渠道方面，利用大数据分析，为村民提供贴近生活的个性化内容，在发布的内容上选择更为民所系的信息，能够真正对乡村村民有用。

最后，法治宣传教育要形成特色宣教品牌，并加大宣传推广力度，扩大用户群体，提升影响力。要形成具有一定影响力的宣教品牌，第一，要努力创新传播方式，从视、听、触等多个方面共同发力，不断精准提升民众的切身体验，扩大用户人群。第二，要努力提升宣教品牌的

① 刘满华:《乡村振兴背景下法治乡村建设的路径构建——基于湖南省乡村的调查与思考》，载《农村经济与科技》，2022年第7期。

受众数量，大力拓展开发多平台普法宣教账号，通过媒体平台自身主动推广、线下大力宣传，从而提高乡村村民的关注量，同时也要因地制宜定期开展线上与线下相互配合的普法宣教活动。第三，宣教品牌自身要从内容上做好做精，丰富法治宣传内容，提升内容质量，自然而然也就提升了乡村村民对于宣教品牌的认知度。

乡村振兴，法治先行，数字乡村，高效便捷。充分发挥数字技术的效用，将其与农村法律宣教工作相结合，可以有效应对乡村村民学法的难题，同时营造积极守法的法治氛围，建设现代化法治乡村。

二、丰富普法形式，激发民众学法热情

习近平总书记曾指出，“法律要发挥作用，需要全社会信仰法律。”[①] 法学家哈罗德·伯尔曼曾提出，“法律必须被信仰，否则它形同虚设。”[②] 在建设法治乡村的各个环节中，全民守法是法治乡村建设的基础，法治乡村建设必须推动全民守法，提升守法的全民性。丰富普法形式与拓宽学法路径息息相关，它们二者之间是相辅相成、相互促进的关系，建设法治乡村，营造正确、积极全民守法的法治环境和氛围，不仅需要使乡村村民拥有多种学习法律、接受法律教育的渠道，更需要使乡村村民可以接触到丰富、新颖、贴合实际的普法活动。在利用数字技术拓宽学法路径、推进乡村法律教育的同时，借助数字技术赋能大力开展普法宣传活动是不可或缺的。

因此，建设法治国家离不开建设法治乡村，要做到“法治中国”，必须要做到“全面普法”。再结合现实情况，要充分结合数字技术优势，大力开展法治宣传教育，推进全民守法，培养和提升广大村民法治观念，

---

① 中共中央文献研究室：《习近平新时代中国特色社会主义思想学习论丛（第一辑）》，中央文献出版社 2020 年版，第 102 页。

② [美] 哈罗德·伯尔曼：《法律与宗教》，梁治平译，商务印书馆 2012 年版，第 11 页。

增强学法、用法、守法和护法的积极性、主动性，真正用好用准这个重要抓手。

长久以来，对于普法宣传工作，我国领导人和上层政策方针的指引未曾停止过。1978年，邓小平同志在中央工作会议上的讲话明确指出："发展社会主义民主，健全社会主义法制，要做到'有法可依，有法必依，执法必严，违法必究'"。这十六字方针为全民守法用法指明了方向。1984年，时任全国人大常委会委员长彭真同志提出，把法律交给人民。1985年，司法部在六届全国人大常委会第十三次会议上提交了"一五普法"规划草案，经全国人大常委会会议审议通过《全国人民代表大会常务委员会关于在公民中基本普及法律常识的决议》后，中共中央、国务院转发了《关于向全体公民普及法律常识的五年规划》的通知。自此之后，宏大的全民普法工程正式拉开帷幕。1986年，我国正式开始实施"一五普法"计划，面向全国人民普及法律知识，旨在提升国民法律素养、法治精神和法律思维。如今普法活动进行了三十多年，已经进入了"八五普法"的发力阶段，国家法治宣传教育工作取得了一定的成效。

但由于中国的传统社会都是人情社会，乡村村民处理纠纷的基本方式方法大多是受人际关系的亲疏远近影响，并且主要是通过宗族德高望重的长辈对冲突进行评判，并未形成较为严密的法治体系，在传统乡村社会法治并不是占主导地位的治理方式和手段。所以，尽管我国乡村地区的普法工作从"一五普法"开始一直都是法治宣传教育的中心环节，但是乡村地区也一直都是法治建设的薄弱环节。

如今，普法活动在数字技术的支撑下，在农村的开展越来越趋向于规范化和系统化，取得了较好成效，但也存在一些问题。

首先，普法宣传表面化现象仍然存在，法治氛围还不太浓厚。从创新宣传方式来看，一定程度上还存在内部轰轰烈烈，外部反应冷淡的情况，尤其是在创作具有乡土文化特色、群众喜闻乐见的法治文化作品方面还存在很大差距。[①] 从丰富宣传内容来看，在紧扣中心工作、深入宣传与群众生产生活密切相关的法律法规方面还有待加强。

其次，法律宣传工作开展不够深入，且形式较为单一。现实中，我国的部分乡村并未开展过普法宣传活动，相应的司法机关和政府部门也并未真正重视，且没有将法律宣教工作落实到位，这极大限制了法律宣教工作的真正展开。部分地区法律宣传工作主要的做法是由司法所定期发放法律知识宣传册或者是不定期开展一些法律下乡讲座活动。就通过宣讲手册进行普法宣传的工作方式而言，部分法律宣传册存在不及时发放或者宣讲知识与实际情况脱节的问题；就通过开展一些法律下乡讲座活动进行普法宣传而言，往往存在一定的临时性，通知不到位、到场的村民人数较少的情况时有出现。基层普法的效果很大程度上与普法方式相关，因而采用合理高效的普法方式，才能真正提升村民的法律意识。

最后，民众法律意识薄弱，积极性弱，普法实效不足。普法教育的开展与深入，不仅需要基层干部的参与支持，还需要民众积极配合。由于农村地区经济相对不发达，村民们的受教育水平也普遍不高，法律意识相对淡薄，对于普法宣传工作往往不够重视。大部分村民由于长期处于较为安稳的乡村社会，能够通过相对独立的生产活动实现自给自足，较少与他人产生纠纷，也很少碰到法律问题，因此并未使用过法律。即使遇到纠纷，由于农村固有存在的中国传统的人情社会模式，部分村民也倾向于选择“私了”或通过“乡贤”解决，而不是通过法律途径解决。部分村民据此认为普法宣传并无作用。因此，普法宣传活动仍需实质性提升，这是普法宣教工作的深入展开和实效提升的现实困难。

[①] 刘畅：《打造法治乡村建设“宜宾样板”》，载《中国司法》，2021年第12期。

[典型案例]

浙江省德清县：德清县司法局研发数字化普法平台推动精准普法

浙江省德清县司法局集普法资源和需求分析于一体，依托“数字驾驶舱”的“资源链接”优势，研发综合性数字化普法平台，并嵌入德清App、微信小程序。上线以来，累计点击量达15,000余次，实现普法工作从“大水漫灌”向“精准滴灌”转型。一是打造沉浸互动体验场景。与公安部第三研究所法律研究中心（上海）合作，通过互联网爬虫技术，对民法典进行数字化、结构化、关联性存储，制作民法典电子书，通过epubjs技术解决文本渲染及解析问题。同时上架原创微普法连续剧10集、以案释法17个，实现体验场景“一键搜索匹配”。二是供给线上公共法律服务。在普法平台发布86名在册律师、5名公证员电子名片并标注擅长领域，依托地图可视化技术，展示司法所、律师事务所、公证处、调委会等43处资源，满足群众精准搜索法律资讯和导航需求。平台运行以来，律师业务、公证业务、纠纷调处分别增加20%、15%、10.8%。三是编制数字法治文化地图。将全县三级法治文化阵地汇点成图，以VR、视频、照片等形式展现，达到足不出户、身临其境的普法效果，并结合数字乡村一张图，融入德清特色的法治实践、法治文化要素，为数字经济提供法治文化助力。

（资料来源：湖州市司法局，http://sfj.huzhou.gov.cn/。）

浙江省德清县致力于深化数字对于丰富普法形式、激发民众学法热情的支持，给出了一副副“良药”，让乡村普法工作在技术赋能的加持下更加深入人心，更加具有实效，值得关注、借鉴和参考。

（山东省青岛市“乡村振兴　法治先行”普法宣传活动现场）

除了浙江省德清县外，山东省青岛市也以其数字化普法的创新实践成功入选全国首批农业农村普法十大典型案例，给出了普法的良方。

[典型案例]

山东省青岛市：打破传统思维开启农业农村普法“数字化”新模式

青岛市的案例主要针对当前农业农村普法存在的形式单一、内容固化、缺乏互动等问题，以“数字化”为有效手段，充分利用广大群众喜闻乐见的新兴艺术形式，弥补传统普法资料在时间和空间上的局限性，破解枯燥的法律法规原文、难以理解的法律内涵等普法难题，因地制宜开展法治宣传教育。

近年来，青岛市着力提升全市农业农村普法水平。打破传统思维，开启“二维码”便捷普法，分类别设计农业农村法律法规普法二维码，以“画报”“挂历”等形式呈现，推动村民群众随时扫码、常态化学习；突破常规载体，开启新媒介艺术普法，将农药执法、农机安全驾驶、农资纠纷调解等村民关注的热点制成微视频，通过诙谐、幽默的艺术元素展现出来；组织创作八角鼓、快板、柳腔等特色鲜明的普法文艺节目，把枯燥的法律知识、深奥的法律内涵用生动活泼的语言、富有感染力的表演进行讲述；创新对接方式，开启“新渠道”互动普法，打造“云直播”线上普法平台，以农资真假辨别、农作物病虫害防治、农业生产安全等与农业密切相关的法律法规为载体，选取农业农村法律专家和业务能手直播授课，用工作实例、直播答疑的方式，实现普法教育双向互动。

（资料来源：齐鲁晚报，https://jrlw.qlwb.com.cn/detail/19451503.html。）

南通市海门区借助数字赋能法治乡村建设，成为丰富、创新普法形式的成功案例。乡村振兴是实现中华民族伟大复兴的一项重大任务，必须发挥法治固根本、稳预期、利长远的作用，科技进步是社会发展的引擎，大数据、云计算、线上图书馆等数字科技的应用，为在法治轨道上推动乡村振兴提供了技术支持。

［典型案例］

南通市海门区：海门以数字化助推法治乡村建设

近年来，南通市海门区认真贯彻上级关于法治乡村建设的各项要求，优化整合法治领域各类信息、数据、网络平台、自助服务，发挥法律的保障、引领、规范作用，为法治乡村建设注入活力。

一是提升非诉服务水平，让法治“活起来”。海门区全方位、多渠道推广“苏解纷”非诉服务平台，以小程序发挥大力量。发动广大专职调解员、“法律明白人”、网格员等先学一步，推广开来。利用法治文化广场、法治长廊、各司法所在辖区政务服务大厅等阵地放置“苏解纷”展板、摆放宣传资料，利用党代表选举、人大换届选举等活动，进行摆摊设点式的宣传推广。截至目前，海门区注册人数已超2万人次。不断提升的知晓率提高了使用率与调解成功后群众脸上的“微笑率”，海门区将继续完善在线受理、诉前调解、云端解纷的“一站式”纠纷化解新模式。

二是丰富线上法治资源，让法治“动起来”。海门区积极探索创新普法模式，打造线上云普法，在各区镇公众号上开设“漫说民法典”“法治微课堂”“小悦说法”等专栏，推出普法小程序，借助法润民生微信群打通网上普法“最后一公里”。这些便捷、高效、实用的“指尖”上的普法平台致力于为群众提供优质法律服务，让法律真正走进百姓生活，不仅提供法规检索功能、合同范本查询下载功能、在线法律咨询等服务项目，同时又融合了海门区“有事好商量”“法治文化阵地”“八五普法”“法律明白人”“学法用法示范户”等普法特色内容，可以让群众直观地了解到海门区各项重点法治建设工作的最新动态，让法真正伸手可及。

（资料来源：法润江苏普法平台，http://frjs.jschina.com.cn/。）

借力数字技术，赋能丰富普法形式，助力普法工作实效的成功案例、切实良方还有很多，各具特色，其中的共性主要有以下三个方面：

第一，要大力丰富普法的方法和形式。一方面，要创新普法宣传的方法。随着广大村民群众获取信息的能力逐步增强，应当充分运用信息化基础设施。我国当前正处于新媒体快速发展的时期，在普法教育的过程中，可以充分利用微信、微博、抖音、快手等新媒体平台，让法律知识更加快速且便捷地传播给大众。[①]用贴近实际、贴近生活的法治宣传方法，满足群众对法治文化的需求。另一方面，要创新普法宣传的形式。由于乡村村民的文化水平受制于受教育程度，文化素质有待提升，所以乡村普法宣传应脱离传统的书面宣传，而应采取更为通俗易懂的活动形式。在利用各种新媒体媒介作用的基础上，可以通过微信公众号内容推送、抖音普法短视频、法律电影以及微视频普法栏目剧等村民喜闻乐见且易理解明白的方式来宣传。通过这些新鲜、好玩、有趣的新型方式进行普法宣传工作，不仅可以吸引村民们积极主动参与，还可以让他们切实感受到知法、守法、尊法、用法的好处。

第二，要优化普法内容，增强其通俗性和准确性。在我国，乡村地区向来都是法治建设的薄弱环节，同样也是普法宣传的薄弱环节。在现实中，由于乡村村民的知识水平受制于受教育程度，文化素质仍有提升空间，所以无论是在线上还是线下的普法工作中，都应“因人制宜”合理地将村民们并不能简单理解的法律知识尽量口语化、通俗化。另外，乡村普法工作也要真正脚踏实地，通过实践调研与数字技术相结合的方式，利用大数据技术进行校准补缺，从而准确清楚村民需求，找准普法方向，借助新方法新形式进行精准普法，重点宣传与村民的利益相关的法律知识，推动普法宣传向互动式、服务式、场景式转变，

[①] 余珍、谭雪丽、张颖：《乡村振兴战略下的农村普法教育现状研究——以邵阳市新宁县为例》，载《现代农村科技》，2020 年第 8 期。

努力在“指尖上”“掌心上”，实现普法零距离、精准化，进而切实使普法工作落到实处，深入人心。

第三，要改善乡村普法环境，提高村民参与的积极性，增强普法宣传的实效。长期以来，由于乡村地区本身的经济发展状况和社会风俗，乡村村民学习法律的积极性不高。被强制参与到普法宣教的相关活动中往往容易使村民产生抗拒心理，并加重他们对普法宣教活动的抵触。所以，要想改善乡村普法环境，不仅需要结合本县、本村的实际情况，利用数字技术，线上线下协同创新开展丰富多彩的具有吸引力的普法宣传活动，还需要从根本上加强乡村村民的民主性，如引导村民积极参与与其自身利益相关的乡村法律法规立法与完善工作，不断让村民在充分感受法律功用的同时完善乡村法律法规。通过以上措施，可以充分增加村民对法律的参与度、信任度与理解力，进而可以切实优化乡村法律的发展环境，增强普法宣传的实效以及提高乡村法治建设的效果。除此之外，把数字助力乡村振兴法治化做得有特色地区的经验总结出来，通过新闻媒体、政府文件等形式进行广泛宣传和交流，让乡村振兴的法治成果共享，从而以点带线、以线促面，对改善乡村普法环境并进一步完善增强普法实效工作也是大有裨益的。[①]

法治，是现代社会发展和进步的重要标志。依法治国是中国特色社会主义的本质要求和重要保障，其目的就是建设法治政府、法治社会与法治国家，这是全国人民和全社会努力和前进的方向。法治乡村建设工作作为建设法治国家、实现乡村振兴的重要环节，其内涵丰富，立法、执法、司法、守法各个环节环环相扣，密不可分。通过数字技术，赋能乡村立法、执法、司法和守法，着力破解中国乡村发展不平衡的现实困境，助力基层治理体系和治理能力现代化，提升乡村法治建设能力和水平。借助数字技术，数字政府、数字乡村、数字经济一体化

① 李玉静:《乡村振兴法治化的理论遵循、逻辑结构与实践路径》，载《长白学刊》，2021年第6期。

建设和发展，共同富裕和幸福美丽的新乡村即将到来，乡村振兴战略必将在人民幸福、民族复兴中得到全面实现。

参考文献

1. 中共中央文献研究室：《十八大以来重要文献选编（上）》，中央文献出版社 2014 年版。

2.《中共中央 国务院关于实施乡村振兴战略的意见》，人民出版社 2018 年版。

3. 习近平：《之江新语》，浙江人民出版社 2007 年版。

4. 习近平：《决胜全面建成小康社会 夺取新时代中国特色社会主义伟大胜利》，载《人民日报》，2017 年 10 月 28 日第 1 版。

5. 习近平：《在庆祝中国共产党成立 100 周年大会上的讲话》，载《人民日报》，2021 年 7 月 2 日第 2 版。

6. 习近平：《在中央人大工作会议上发表重要讲话强调：坚持和完善人民代表大会制度，不断发展全过程人民民主》，载《人民日报》，2021 年 10 月 15 日第 1 版。

7.《中共中央关于坚持和完善中国特色社会主义制度 推进国家治理体系和治理能力现代化若干重大问题的决定》，人民出版社 2019 年版。

8. 中共中央党史和文献研究院编著：《习近平关于“三农”工作论述摘编》，中央文献出版社 2019 年版。

9.《习近平谈治国理政》，外文出版社 2014 年版。

10. 习近平：《推进全面依法治国，发挥法治在国家治理体系和治理能力现代化中的积极作用》，载《求是》，2020 年第 22 期。

11. 习近平：《坚定不移走中国特色社会主义法治道路为全面建设社会主义现代化国家提供有力法治保障》，载《求是》，2021 年第 5 期。

12.《习近平总书记关于网络安全和信息化工作重要论述综述》，载《人民日报》，2018 年 11 月 6 日第 5 版。

13.《中共中央关于全面推进依法治国若干重大问题的决定》，载《人民日报》，2014 年 10 月 29 日第 1 版。

14.《中共中央国务院关于加强基层治理体系和治理能力现代化建设的意见》，载《人民日报》，2021 年 7 月 12 日第 1 版。

15.《中共中央国务院关于做好二〇二二年全面推进乡村振兴重点工作的意见》，《人民日报》2022 年 2 月 23 日第 1 版。

16. 张建锋：《数字治理：数字时代的治理现代化》，电子工业出版社 2021 年版。

17. 张文显：《论中国式法治现代化新道路》，载《中国法学》，2022 年第 1 期。

18. 马长山：《数字法学的理论表达》，载《中国法学》，2022 年第 3 期。

19. 田辉：《构建贯通培养体系——日本创新人才教育面面观》，载《光明日报》，2021 年 6 月 24 日第 14 版。

20. 宋玲：《持续提升公民法治素养》，载《红旗文稿》，2021 年第 20 期。

21. 叶必丰：《执法权下沉到底的法律回应》，载《法学评论》，2021 年第 3 期。

22. 陈柏峰：《乡村基层执法的空间制约与机制再造》，载《法学研究》，2020 年第 2 期。

23. 黄新华、陈宝玲：《治理困境数字赋能与制度供给——基层治理数字化转型的现实逻辑》，载《理论学刊》，2022 年第 1 期。

24. 张欣：《我国立法电子参与有效性的提升——基于公众参与法律草案征求意见（2005—2016 年）的实证研究》，载《法商研究》，2018 年第 2 期。

后　记

数字技术的快速发展与广泛应用正深刻融入社会关系，日益成为新时代实现国家治理能力和治理体系现代化的新动能。数字正成为发展数字经济、赋能实体经济、提升治理能力、实施乡村振兴战略的重要工具。党的十九大报告在论述建设创新型国家时指出，建设网络强国、数字中国、智慧社会，擘画出数字技术支撑乡村建设新蓝图。2018 年，中共中央、国务院发布的《关于实施乡村振兴战略的意见》明确提出建设法治乡村重大任务。法治乡村建设是乡村振兴战略的重要部分，数字技术为乡村振兴提供了科技支撑与规范进路。数字支撑乡村法治建设要坚持“人民至上为中心”“赋能与合规同步”“良法善治为引领”的原则，主要体现在数字支撑乡村立法、行政、司法和守法等环节，旨在以数字等新兴技术应用于乡村法治建设，提升基层治理能力水平与效能。本书主要为在实现第二个百年奋斗目标的征程中，如何运用数字技术全面实施乡村振兴战略，提升乡村治理体系和治理能力现代化，实现人民共同富裕提供有价值的参考。

在本书写作过程中，参考了诸多专家的研究成果、文献、数据和相关资料，在此一并感谢。本书的撰写分工为：廖永安（湘潭大学法学院教授，法学博士，博士生导师）：第四章；刘友华（湘潭大学法学院教授，法学博士，博士生导师）：第三章*；易　磊（湘潭大学法学院讲师，法学博士）：第一章；陈灿祁（湘潭大学法学院副教授，法学博士）：第二章；谭达宗（湘潭大学法学院讲师，法学博士）第三章*；张小虎（湘潭大学法学院副教授，法学博士）：第五章。博士生李静茵、周星星、李五志、訾培玉，以及硕士生张臣帅等参与了部分章节的资料收集、整理等工作。

全书由廖永安教授、刘友华教授拟定提纲、统稿、定稿。由于研究水平和研究能力有限，本书中难免存在有失允当之处，恳请各位专家、同仁及读者批评指正。

作　者

2022年7月

图书在版编目（CIP）数据

数字支撑乡村法治建设 / 廖永安等著. -- 湘潭 : 湘潭大学出版社, 2022.9
ISBN 978-7-5687-0857-9

Ⅰ. ①数… Ⅱ. ①廖… Ⅲ. ①乡村—社会主义法治—建设—研究—中国 Ⅳ. ①D920.0

中国版本图书馆CIP数据核字（2022）第159444号

数字支撑乡村法治建设
SHUZI ZHICHENG XIANGCUN FAZHI JIANSHE
廖永安 等著

责任编辑：刘文情
封面设计：李 平
出版发行：湘潭大学出版社
社 址：湖南省湘潭大学工程训练大楼
电 话：0731-58298960 0731-58298966（传真）
邮 编：411105
网 址：http://press.xtu.edu.cn/
印 刷：长沙鸿发印务实业有限公司
经 销：湖南省新华书店
开 本：710 mm×1000 mm 1/16
印 张：13.25
字 数：182千字
版 次：2022年9月第1版
印 次：2022年9月第1次印刷
书 号：ISBN 978-7-5687-0857-9
定 价：88.00元